纯粹哲学丛书

黄裕生 主编

U0125342

存在与自由

CUNZAI YU ZIYOU

萨特早期自由理论研究

屈明珍　著

江苏人民出版社

图书在版编目(CIP)数据

存在与自由：萨特早期自由理论研究 / 屈明珍著
. -- 南京：江苏人民出版社，2024.3
（纯粹哲学丛书）
ISBN 978 - 7 - 214 - 28436 - 5

Ⅰ. ①存… Ⅱ. ①屈… Ⅲ. ①萨特(Sartre, Jean
Paul 1905 - 1980)—哲学思想—研究 Ⅳ. ①B565.53

中国国家版本馆 CIP 数据核字(2023)第 190979 号

书　　　名	存在与自由——萨特早期自由理论研究
著　　　者	屈明珍
责 任 编 辑	薛耀华
装 帧 设 计	许文菲
责 任 监 制	王　娟
出 版 发 行	江苏人民出版社
地　　　址	南京市湖南路 1 号 A 楼,邮编:210009
照　　　排	江苏凤凰制版有限公司
印　　　刷	江苏凤凰通达印刷有限公司
开　　　本	652 毫米×960 毫米　1/16
印　　　张	12　插页3
字　　　数	154 千字
版　　　次	2024 年 3 月第 1 版
印　　　次	2024 年 3 月第 1 次印刷
标 准 书 号	ISBN 978 - 7 - 214 - 28436 - 5
定　　　价	58.00 元

（江苏人民出版社图书凡印装错误可向承印厂调换）

从纯粹的学问到真实的事物

——"纯粹哲学丛书"改版序

江苏人民出版社自2002年出版这套"纯粹哲学丛书"已有五年，共出书12本，如今归入凤凰出版传媒集团"凤凰文库"继续出版，趁改版机会，关于"纯粹哲学"还有一些话要说。

"纯粹哲学"的理念不只是从"纯粹的人"、"高尚的人"、"摆脱私利"、"摆脱低级趣味"这些意思引申出来的，而是将这个意思与专业的哲学问题，特别是与德国古典哲学的问题结合起来思考，提出"纯粹哲学"也是希望"哲学""把握住""自己"。

这个提法，也有人善意地提出质询，谓世上并无"纯粹"的东西，事物都是"复杂"的，"纯粹哲学"总给人以"脱离实际"的感觉。这种感觉以我们这个年龄段或更年长些的人为甚。当我的学生刚提出来的时候，我也有所疑虑，消除这个疑虑的理路，已经在2002年的"序"中说了，过了这几年，这个理路倒是还有一些推进。

"纯粹哲学"绝不是脱离实际的，也就是说，"哲学"本不脱离实际，也不该脱离实际，"哲学"乃是"时代精神"的体现；但是"哲学"也不是要"解决"实际的具体问题，"哲学"是对于"实际-现实-时代""转换"一个"视角"。"哲学"以"哲学"的眼光"看""世界","哲学"以"自己"的眼光"看"世界,也就是以"纯粹"的眼光"看"世界。

为什么说"哲学"的眼光是"纯粹"的眼光?

"纯粹"不是"抽象",只有"抽象"的眼光才有"脱离实际"的问题,因为它跟具体的实际不适合;"纯粹"不是"片面",只有"片面"的眼光才有"脱离实际"的问题,因为"片面"只"抓住-掌握""一面",而"哲学"要求"全面"。只有"全面-具体"才是"纯粹"的,也才是"真实的"。"片面-抽象"都"纯粹"不起来,因为有一个"另一面"、有一个"具体"在你"外面"跟你"对立"着,不断地从外面"干扰"你,"主动-能动"权不在你手里,你如何"纯粹"得起来?

所以"纯粹"应在"全面-具体"的意义上来理解,这样,"纯粹"的眼光就意味着"辩证"的眼光,"哲学"为"辩证法"。

人们不大谈"辩证法"了,就跟人们不大谈"纯粹"了一样,虽然可能从不同的角度来"回避"它们,或许以为它们是相互抵触的,其实它们是一致的。

"辩证法"如果按日常的理解,也就是按感性世界的经验属性或概念来理解,那可能是"抽象"的,但那不是哲学意义上的"辩证"。譬如冷热、明暗、左右、上下等等,作为抽象概念来说,"冷"、"热"各执一方,它们的"意义"是"单纯"的"抽象",它们不可以"转化",如果"转化"了,其"意义"就会发生混淆;但是在现实中,在实际上,"冷"和"热"等等是可以"转化"的,不必"变化"事物的温度,事物就可以由"热""转化"为"冷",在这个意义上,执著于抽象概念反倒会"脱离实际",而坚持"辩证法"的"转化",正是"深入""实际"的表现,因为实际上现实中的事物都是向"自己"的"对立面""转化"的。

哲学的辩证法正是以一种"对立面""转化"的眼光来"看-理解"世界的,不执著于事物的一面——偏,而是"看到-理解到"事物的"全面"。

哲学上所谓"全面",并非要"穷尽"事物的"一切""属性",而是"看到-理解到-意识到"凡事都向"自己"的"相反"方面"转化","冷"必然要"转化"为"非冷",换句话说,"冷"的"存在",必定要"转化"为"冷"的"非存在"。

在这个意义上,哲学的辩证法将"冷-热"、"上-下"等等"抽象-片面"的"对立""纯粹化"为"存在-非存在"的根本问题,思考的就是这种"存在-非存在"的"生死存亡"的"大问题"。于是,"哲学化"就是"辩证化",也就是"纯净化-纯粹化"。

这样,"纯粹化"也就是"哲学化",用现在流行的话来说,就是"超越化";"超越"不是"超越"到"抽象"方面去,不是从"具体"到"抽象",好像越"抽象"就越"超越",或者越"超越"就越"抽象",最大的"抽象"就是最大的"超越"。事实上恰恰相反,"超越"是从"抽象"到"具体","具体"为"事物"之"存在"、"事物"之"深层次"的"存在",而不是"表面"的"诸属性"之"集合"。所谓"深层",乃是"事物"之"本质","本质"亦非"抽象",而是"存在"。哲学将自己的视角集中在"事物"的"深层",注视"事物""本质"之"存在"。"事物"之"本质","本质"之"存在",乃是"纯粹"的"事物"。"事物"之"本质",也是"事物"之"存在",是"理性-理念"的世界,而非"驳杂"之"大千世界"-"感觉经验世界"。"本质-存在-理念"是"具体"的、"辩证"的,因而也是"变化-发展"的。并不是"现象""变"而"理念-本质""不变",如果"变"作为"发展"来理解,而不是机械地来理解,则恰恰是"现象"是相对"僵化"的,而"本质-理念"则是"变化-发展"的。这正是我们所谓"时间(变化发展)"进入"本体-本质-存在"的意义。

于是,哲学辩证法也是一种"历史-时间"的视角。我们面对的世界,是一个历史的世界、时间的世界,而不仅是僵硬地与我们"对立"的"客观世界"。"客观世界"也是我们的"生活世界",而"生活"是历史性的、时间性的,是变化发展的,世间万事万物无不打上"历史-时间"的"烙印","认出-意识到-识得"这个"烙印-轨迹",乃是哲学思考的当行,这个"烙印"乃是"事物-本质-存在""发展"的"历史轨迹",这个"轨迹"不是直线,而是曲线。"历史-时间"的进程是"曲折"的,其间充满了"矛盾-对立-斗争",也充满了"融合-和解-协调",充满了"存在-非存在"的"转化",充满了"对立面"的"转化"和"统一"。

以哲学-时间-历史的眼光看世界,世间万物都有相互"外在"的"关系"。"诸存在者"相互"不同",当然也处在相互"联系"的"关系网"中,其中也有"对立",譬如冷热、明暗、上下、左右之类。研究这种"外在"关系,把握这种"关系"当然是非常重要的,须得观察、研究以及实验事物的种种属性和他物的属性之间的各种"关系",亦即该事物作为"存在者"的"存在""条件"。"事物"处于"外在环境"的种种"条件""综合"之中,这样的"外在""关系"固不可谓"纯粹"的,它是"综合"的、"经验"的;然则,事物还有"自身"的"内在""关系"。

这里所谓的"内在""关系",并非事物的内部的"组成部分"的关系,这种把事物"无限分割"的关系,也还是把一事物分成许多事物,这种关系仍是"外在"的;这里所谓"内在"的,乃是"事物""自身"的"关系",不仅仅是这一事物与另一事物的关系。

那么,如何理解事物"自身"的"内在""关系"?"事物自身"的"内在""关系"乃是"事物自身""在""时间-历史"中"产生"出来的"非自身-他者"的"关系",乃是"是-非"、"存在-非存在"的"关系",而不是"白"的"变成""黑"的、"方"的"变成""圆"的等等这类关系。这种"是非-存亡"的关系,并不来自"外部",而是"事物自身"的"内部"本来就具备了的。这种"内在"的"关系"随着时间-历史的发展"开显"出来。

这样,事物的"变化发展",并非仅仅由"外部条件"的"改变"促使而成,而是由事物"内部自身"的"对立-矛盾"发展-开显出来的,在这个意义上，"内因"的确是"决定性"的。看到事物"变化"的"原因""在""事物自身"的"内部"，揭示"事物发展"的"内在原因"，揭示事物发展的"内在矛盾"，这种"眼光"，可以称得上是"纯粹"的(不是"驳杂"的)，是"哲学"的，也是"超越"的，只是并不"超越"到"天上"，而是"深入"到事物的"内部"。

以这种眼光来看世界，世间万物"自身"无不"存在-有""内在矛盾"，一事物的"存在"必定"蕴涵"该事物的"非存在"，任何事物都向自身的"反面""转化"，这是事物自己就蕴涵着的"内在矛盾"。至于这个事物究竟"变成""何种-什么"事物，则要由"外部""诸种条件"来"决定"，但是哲学可以断言的，乃是该事物-世间任何事物都不是"永存"的，都是由"存在""走向-转化为""自己"的"反面"——"非存在"，"非存在"就"蕴涵""在"该事物"存在"之中。在这个意义上，我们对事物采取"辩证"的态度，也就是采取"纯粹"的态度，把握住"事物"的"内在矛盾"，也就是把握住了"事物自身"，把握住了"事物自身"，也就是把握住了"事物"的"内在""变化-发展"，而不"杂"有事物的种种"外部"的"关系"；从事物"外部"的种种"复杂关系"中"摆脱"出来，采取一种"自由"的、"纯粹"的态度，抓住"事物"的"内在关系"，也就是"抓住"了事物的"本质"。

抓住事物的"本质"，并非不要"现象"，"本质"是要通过"现象""开显"出来的，"本质"并非"抽象概念"，"本质"是"现实"，是"存在"，是"真实"，是"真理"；抓住事物的"本质"，就是要"透过现象看本质"。"哲学"的眼光，"纯粹"的眼光，"辩证"的眼光，"历史"的眼光，正是这种"透过现象""看""本质"的眼光。

"透过现象看本质"，"现象"是"本质"的，"本质"也是"现象"的，"本质""在""现象"中，"现象"也"在""本质"中。那么，从"本质"的眼光来"看""现象-世界"又复何如？

从"纯粹"的眼光来"看""世界",则世间万物固然品类万殊,但无不"在""内在"的"关系"中。"一事物"的"是-存在"就是"另一事物"的"非-非存在","存在""在""非存在"中,"非存在"也"在""存在"中;事物的"外在关系",原本是"内在关系"的"折射"和"显现"。世间很多事物,在现象上或无直接"关系",只是"不同"而已。譬如"风马牛不相及","认识到-意识到""马""牛"的这种"不同"大概并不困难,是一眼就可以断定的。对于古代战争来说,有牛无马,可能是一个大的问题。对于古代军事家来说,认识到这一点也不难,但是要"意识到-认识到""非存在"也"蕴涵着""存在",二者是一而二、二而一的,并不因为"有牛无马"而放弃战斗,就需要军事家有一点"大智慧"。如何使"非存在""转化"为"存在"? 中国古代将领田单的"火牛阵"是以"牛"更好地发挥"马"的战斗作用的一例,固然并非要将"牛""装扮"成"马",也不是用"牛"去"(交)换""马",所谓"存在-非存在"并非事物之物理或生物的"属性"可以涵盖得了的。"存在-非存在"有"历史"的"意义"。

就我们哲学来说,费希特曾有"自我""设定""非我"之说,被批评为主观唯心论,批评当然是很对的,他那个"设定"会产生种种误解;不过他所论述的"自我"与"非我"的"关系"却是应该被重视的。我们不妨从一种"视角"的"转换"来理解费希特的意思:如"设定"——采取一种"视角"——"A-存在",则其他诸物皆可作"非A-非存在"观。"非A"不"=(等于)""A",但"非A"却由"A""设定","非存在"由"存在""设定"。我们固不可说"桌子"是由"椅子""设定"的,这个"识见"是"常识"就可以判断的,没有任何哲学家会违反它,但是就"椅子"与"非椅子"的关系来说,"桌子"却是"在""非椅子"之内,而与"椅子"有一种"对立统一"的关系,"非椅子"是由于"设定"了"椅子"而来的。扩大开来说,"非存在"皆由"存在"的"设定"而来,既然"设定""存在",则必有与其"对立"的"反面"——"非存在""在","非存在"由"存在""设定",反之亦然。

"我"与"非我"的关系亦复如是。"意识-理性""设定"了"我",有了"自我意识",则与"我""对立"的"大千世界"皆为"非我",在这个意义上,"非我"乃由"(自)我"之"设定"而"设定",于是"自我""设定""非我"。我们看到,这种"设定"并不是在"经验"的意义上来理解的,而是在"纯粹"的意义上来理解的,"自我"与"非我"的"对立统一"关系乃是"纯粹"的、"本质"的、"哲学"的、"历史"的,因而也是"辩证"的。我们决不能说,在"经验"上大千世界全是"自我""设定"——或者叫"建立"也一样——的,那真成了狄德罗批评的,作如是观的脑袋成了一架"发疯的钢琴"。哲学是很理性的学问,它的这种"视角"的转换——从"经验"的"转换"成"超越"的,从"僵硬"的"转换"成"变化发展"的,从"外在"的"转换"成"内在"的——并非"发疯"式的胡思乱想,恰恰是很有"理路"的,而且还是很有"意义"的:这种"视角"的"转换",使得从"外在"关系看似乎是"风马牛不相及"的"事物"都有了"内在"的联系。"世界在普遍联系之中"。许多事物表面上"离"我们很"远",但作为"事物本身-自身-物自体"看,则"内在"着-"蕴涵"着"对立统一"的"矛盾"的"辩证关系",又是"离"我们很"近"的。海德格尔对此有深刻的阐述。

"日月星辰"就空间距离来说,离我们人类很远很远,但它们在种种方面影响人的生活,又是须臾不可或离的,于是在经验科学尚未深入研究之前,我们祖先就已经在自己的诗歌中吟诵着它们,也在他们的原始宗教仪式中膜拜着它们;尚有那人类未曾识得的角落,或者时间运行尚未到达的"未来",我们哲学已经给它们"预留"了"位置",那就是"非我"。哲学给出这个"纯粹"的"预言",以便一旦它们"出现",或者我们"发现"它们,则作出进一步的科学研究。"自我"随时"准备"

着"迎接""非我"的"挑战"。

"自我"与"非我"的这种"辩证"关系，使得"存在"与"非存在""同出一元"，都是我们的"理性""可以把握-可以理解"的：在德国古典哲学，犹如黑格尔所谓的"使得""自在-自为之物""转化"为"为我之物"；在海德格尔，乃是"存在"为"使存在"，是"动词"意义上的"存在"，"存在"与"非存在"在"本体论-存在论"上"同一"。

就知识论来说，哲学这种"纯粹"的"视角"的"转换"，也有相当重要的意义。知识论也"设定"一个不以人的意志为转移的"客体"，这个"客体"乃是一切经验科学的"对象"，也是"前提"，但是哲学"揭示"着"客体"与"主体"也是"对立统一"的"辩证关系"，一切"非主体"就是"客体"，于是仍然在"存在-非存在"的关系之中，那一时"用不上"的"未知"世界，同样与"主体"构成"对立统一"关系，从而使"知识论"展现出广阔的天地，成为一门有"无限"前途的"科学"，而不局限于"主体-人"的"眼前"的"物质需求"。哲学使人类知识"摆脱""急功近利"的"限制"，使"知识"成为"自由"的。"摆脱""急功近利"的"限制"，也就是使"知识-科学"有"哲学"的"涵养"，使"知识-科学"也"纯粹"起来，使"知识-科学"成为"自由"的。古代希腊人在"自由知识"方面给人类的贡献使后人受益匪浅，但这种"自由-纯粹"的"视角"，当得益于他们的"哲学"。

从这个意义来看，我们所谓的"纯粹哲学"，一方面当然是很"严格"的，从康德到黑格尔的德国古典哲学，哲学有了自己很专业的一面，再到胡塞尔，曾有"哲学"为"最为""严格"（strict-strenge）之称；另一方面，"纯粹哲学"就其题材范围来说，又是极其广阔的。"哲学"的"纯粹视角"，原本就是对于那表面上似乎没有关系的、在时空上"最为遥远"的"事物"，都能"发现"有一种"内在"的关系。"哲学"有自己的"远"、"近"观。"秦皇汉武"已是"过去"很多年的"事情"，但就"纯粹"的"视角"看也并不"遥远",它仍是伽达默尔所谓的"有效应的历史",仍在"时间"的"绵延"之"中",它和"我们"有"内在"的关系。

于是,从"纯粹哲学"的"视角"来看,大千世界、古往今来,都"在""视野"之"中",上至"天文",下至"地理","至大无外"、"至小无内",无不可以"在""视野"之"中";具体到我们这套丛书,在选题方面也就不限于讨论康德、黑格尔、海德格尔等等专题,举凡社会文化、政治经济、自然环境、诗歌文学,甚至娱乐时尚,只要以"纯粹"的眼光,有"哲学"的"视角",都在欢迎之列。君不见,法国福柯探讨监狱、疯癫、医院、学校种种问题,倡导"穷尽细节"之历史"考古"观,以及论题不捐细小的"后现代"诸公,其深入程度,其"解构"之"辩证"运用,岂能以"不纯粹"目之?

"纯粹哲学丛书"改版在即,有以上的话想说,当否敬请读者批评指正。

叶秀山

2007 年 7 月 10 日于北京

序"纯粹哲学丛书"

人们常说,做人要像张思德那样,做一个"纯粹的人",高尚的人,如今喝水也要喝"纯净水",这大概都没有什么问题;但是说到"纯粹哲学",似乎就会引起某些怀疑,说的人,为避免误解,好像也要做一番解释,这是什么原因?我想,这个说法会引起质疑,是有很深的历史和理论的原因的。

那么,为什么还要提出"纯粹哲学"的问题?

现在来说"纯粹哲学"。说哲学的"纯粹性",乃是针对一种现状,即现在有些号称"哲学"的书或论文,已经脱离了"哲学"这门学科的基本问题和基本要求,或者可以说,已经没有什么"哲学味",但美其名曰"生活哲学"或者甚至"活的哲学",而对于那些真正探讨哲学问题的作品,反倒觉得"艰深难懂",甚至断为"脱离实际"。在这样的氛围下,几位年轻的有志于哲学研究的朋友提出"纯粹哲学"这个说法,以针砭时弊,我觉得对于哲学作为一门学科的发展是有好处的,所以也觉得是可以支持的。

人们对于"纯粹哲学"的疑虑也是由来已久。

在哲学里,什么叫"纯粹"?按照西方哲学近代的传统,"纯粹"

（rein，pure）就是"不杂经验"、"跟经验无关"，或者"不由经验总结、概括出来"这类的意思，总之是和"经验"相对立的意思。把这层意思说得清楚彻底的是康德。

康德为什么要强调"纯粹"？原来西方哲学有个传统观念，认为感觉经验是变幻不居的，因而不可靠，"科学知识"如果建立在这个基础上，那么也是得不到"可靠性"，这样就动摇了"科学"这样一座巍峨的"殿堂"。这种担心，近代从法国的笛卡尔就表现得很明显，而到了英国的休谟，简直快给"科学知识""定了性"，原来人们信以为"真理"的"科学知识"竟只是一些"习惯"和"常识"，而这些"习俗"的"根据"仍然限于"经验"。

为了挽救这个似乎摇摇欲坠的"科学知识"大厦，康德指出，我们的知识虽然都来自感觉经验，但是感觉经验之所以能够成为"科学知识"，能够有普遍的可靠性，还要有"理性"的作用。康德说，"理性"并不是从"感觉经验"里"总结-概括"出来的，它不依赖于经验，如果说，感觉经验是"杂多-驳杂"的，理性就是"纯粹-纯一"的。杂多是要"变"的，而纯一就是"恒"，是"常"，是"不变"的；"不变"才是"必然的"、"可靠的"。

那么，这个纯一的、有必然性的"理性"是什么？或者说，康德要人们如何理解这个（些）"纯粹理性"？我们体味康德的哲学著作，渐渐觉得，他的"纯粹理性"说到最后乃是一种形式性的东西，他叫"先天的"——以"先天的"译拉丁文 a priori 不很确切，无非是强调"不从经验来"的意思，而拉丁文原是"由前件推出后件"，有很强的逻辑的意味，所以国外有的学者干脆就称它作"逻辑的"，意思是说，后面的命题是由前面的命题"推断"出来的，不是由经验的积累"概括"出来的，因而不是经验的共同性，而是逻辑的必然性。

其实，这个意思并不是康德的创造，康德不过是沿用旧说；康德的创造性在于他认为旧的哲学"止于"此，就把科学知识架空了，旧的逻辑只是"形式逻辑"——"止于"形式逻辑，而科学知识是要有内容的。康德觉得，光讲形式，就是那么几条，从亚里士多德创建形式逻辑体系以来，到康德那个时代，并没有多大的进步，而科学的知识，日新月异，"知识"是靠经验"积累"的，逻辑的推演，后件已经包含在前件里面，推了出来，也并没有"增加"什么。所以，康德哲学在"知识论"的范围里，主要的任务是要"改造"旧逻辑，使得"逻辑的形式"和"经验的内容"结合起来，也就是像有的学者说的，把"逻辑的"和"非逻辑的"东西结合起来。

从这里，我们看到，即使在康德那里，"纯粹"的问题，也不是真的完全"脱离实际"的；恰恰相反，康德的哲学工作，正是要把哲学做得既有"内容"，而又是"纯粹"的。这是一件很困难的工作，康德做得很艰苦，的确也有"脱离实际"的毛病，后来受到很多的批评，但是就其初衷，倒并不是为了"钻进象牙之塔"的。

康德遇到了什么困难？

我们说过，如果"理性"的工作，只是把感觉经验得来的材料加工酿造，提炼出概括性的规律来，像早年英国的培根说的那样"归纳"出来的，那么，一来就不容易"保证""概括"出来的东西一定有普遍必然性，二来这时候，"理性"只是"围着经验转"，也不大容易保持"自己"，这样理解的"理性"，就不会是"纯粹"的。康德说，他的哲学要来一个"哥白尼式的大革命"，就是说，过去是"理性"围着"经验"转，到了我康德这里，就要让"经验"围着"理性"转，不是让"纯粹"的东西围着"不纯"的东西转受到"污染"，而是让"不纯"的东西围着"纯粹"的东西转得到"净化"。这就是康德说的不让"主体"围着"客体"转，而让"客体"围着"主体"转的意义所在。

我们看到，不管谁围着谁转，感觉经验还是不可或缺的，康德主观上并不想当"脱离实际"的"形式主义者";康德的立意,还是要改造旧逻辑,克服它的"形式主义"的。当然,康德的工作也只是一种探索,有许多值得商讨的地方。

说实在的,在感觉经验和理性形式两个方面,要想叫谁围着谁转都不很容易,简单地说一句"让它们有机地结合起来"当然并不解决问题。

康德的办法是提出一个"先验的"概念来统摄感觉经验和先天理性这两个方面,并使经验围着理性转,以保证知识的"纯粹性"。

康德的"先验的"原文为 transcendental,和传统的 transcendent 不同,后者就是"超出经验之外"的意思,而前者为"虽然不依赖经验但还是在经验之内"的意思。

康德为什么要把问题弄得如此的复杂?

原来康德要坚持住哲学知识论的纯粹性而又具有经验的内容,要有两个方面的思想准备。一方面"理性"要妥善地引进经验的内容,另一方面要防止那本不是经验的东西"混进来"。按照近年的康德研究的说法,"理性"好像一个王国,对于它自己的王国拥有"立法权",凡进入这个王国的都要服从理性为它们制定的法律。康德认为,就科学知识来说,只有那些感觉经验的东西,应被允许进入这个知识的王国,成为它的臣民;而那些根本不是感觉经验的东西,亦即不能成为经验对象的东西,譬如"神-上帝",乃是一个"观念-理念",在感觉经验世界不存在相应的对象,所以它不能是知识王国的臣民,它要是进来了,就会不服从理性为知识制定的法律,在这个王国里,就会闹矛盾,而科学知识是要克服矛盾的,如果出现不可避免的矛盾,知识王国-科学的大厦,就要土崩瓦解了。所以康德在他的第一批判——《纯粹理性批判》里,一方面要仔细研究理性的立法作用;另一方面要仔细厘定理性的职权范围,防止越出经验的范围之外,越过了自己的权限——防止理性的僭越，管了那本不是它的臣民的事。所以康德的"批判"，有"分析"、"辨析"、"划界限"的意思。

界限划在哪里？正是划在"感觉经验"与"非感觉经验-理性"上。对于那些不可能进入感觉经验领域的东西，理性在知识王国里，管不了它们，它们不是这个王国的臣民。

康德划这一界限还是很有意义的，这样一来，举凡宗教信仰以及想涵盖信仰问题的旧形而上学，都被拒绝在"科学知识"的大门以外了，因为它们所涉及的"神-上帝"、"无限"、"世界作为一个大全"等等，就只是一些"观念"（ideas），而并没有相应的感觉经验的"对象"。这样，康德就给"科学"和"宗教"划了一条严格的界限，而传统的旧形而上学，就被断定为"理性"的"僭越"；而且理性在知识范围里一"僭越"，就会产生不可克服的矛盾，这就是他的有名的"二律背反"。

在这个意义上，我们看到，在知识论方面，康德恰恰是十分重视感觉经验的，也是十分重视"形式"和"内容"的结合的。所以批评康德知识论是"形式主义"，猜想他是不会服气的，他会说，他在《纯粹理性批判》里的主要工作就是论证"先天综合判断"如何可能，既然是"综合"的，就不是"形式"的，在这方面，他是有理由拒绝"形式主义"的帽子的；他的问题出在那些不能进入感觉经验的东西上。他说，既然我们所认知的是事物能够进入感觉经验的一面，那么，那不能进入感觉经验的另一面，就是我们科学知识不能达到的地方，我们在科学上则是一无所知；而通过我们的感官进得来的，只是一些印象（impression）、表象（appearance），我们的理性在知识上，只能对这些东西根据自己立的法律加以"管理"，使之成为科学的、具有必然真理性的知识体系，所以我们的科学知识"止于""现象"（phenomena），而"物自身"（Dinge an sich）、"本体"（noumena）则是"不可知"的。

原来，在康德那里，这种既保持哲学的纯粹性，又融入经验世界的"知识论"是受到"限制"的，康德自己说，他"限制""知识"，是为"信仰"留有余地。那么，就我们的论题来说，康德所理解的"信仰"是不是只是"形式"的？应该说，也不完全是。

我们知道，康德通过"道德"引向"宗教-信仰"。"知识"是"必然"的，所以它是"科学"；"道德"是"自由"的，所以它归根结蒂不能形成一门"必然"的"科学知识"。此话怎讲？

"道德"作为一门学科，讨论"意志"、"动机"、"效果"、"善恶"、"德性"、"幸福"等问题。如果作为科学知识来说，它们应有必然的关系，才是可以知道、可以预测的；但是，道德里的事，却没有那种科学的必然性，因而也没有那种"可预测性"。在道德领域里，一定的动机其结果却不是"一定"的；"德性"和"幸福"就更不是可以"推论"出来的。世上有德性的得不到幸福，比比皆是；而缺德的人往往是高官得做、骏马得骑。有那碰巧了，既有些德性，也有些幸福的，也就算是老天爷开恩了。于是，我们看到，在经验世界里，"德性"和"幸福"的统一，是偶尔有之，是偶然的，不是必然的。我们看到一个人很幸福，不能必然地推断他一定就有德性，反之亦然。在这个意义上，这种关系，是不可知的。

所谓"不可知"，并不是说我们没有这方面的感觉经验的材料，对于人世的"不公"，我们深有"所感"；而是说，这些感觉材料，不受理性为知识提供的先天法则的管束，形不成必然的推理，"不可知"乃是指的这层意思。

"动机"和"效果"也是这种关系，我们不能从"动机"必然地"推论"出"效果"，反之亦然。也就是说，我们没有足够的理由说一个人干了一件"好事"，就"推断"他的"动机"就一定也是"好"的；也没有足够的理由说一个人既然动机是好的，就一定会做出好的事情来。

之所以会出现这种情况，乃是因为"道德"的问题概出于意志的

"自由",而"自由"和"必然"是相对立的。

要讲"纯粹",康德这个"自由"是最"纯粹"不过的了。"自由"不但不能受"感觉经验-感性欲求"一点点的影响,而且根本不能进入这个感觉经验的世界,就是说,"自由"不可能进入感性世界成为"必然"。这就是为什么康德把他的《实践理性批判》的主要任务定为防止"理性"在实践-道德领域的"降格":理性把原本是超越的事当做感觉经验的事来管理了。

那么,康德这个"自由"岂不是非常的"形式"了?的确如此。康德的"自由"是理性的"纯粹形式",它就问一个"应该",向有限的理智者发出一道"绝对命令",至于真的该做"什么",那是一个实际问题,是一个经验问题,实践理性并不给出"教导"。所以康德的伦理学,不是经验的道德规范学,而是道德哲学。

那么,康德的"纯粹理性"到了"实践-道德"领域,反倒更加"形式"了?如果康德学说止于"伦理学",止于"自由",则的确会产生这个问题;但是我们知道,康德的伦理道德乃是通向宗教信仰的桥梁,它不止于此。康德的哲学"止于至善"。

康德解释所谓"至善"有两层含义:一是指单纯意志方面的,是最高的道德的善;一是更进一层为"完满"的意思。这后一层的意义,就引向了宗教。

在"完满"意义上的"至善",就是我们人类最高的追求目标:"天国"。在这个意义上,我们人类要不断地修善,"超越""人自身"——已经孕育着尼采的"超人"(?),而争取进入"天国"。

在"天国"里,一切的分离对立都得到了"统一"。"天国"不仅仅是"理想"的,而且是"现实"的。在"天国"里,凡理性的,也就是经验的,反之亦然。在那里,"理性"能够"感觉"、"经验的",也就是"合理的",两者之间有一种"必然"的关系,而不像在尘世那样,两者只是偶尔统一。这样,在那个世界,我们就很有把握地说,凡是幸福的,就一定是有德的,而绝不会像在人间尘世那样,常常出现"荒诞"的局面,让那有德之人受苦,而缺德之人却得善终。于是,在康德的思想里,"天国"恰恰不是"虚无缥缈"的,而是实实在在的,它是一个"理想",但也是一个"现实";甚至我们可以说,唯有"天国"才是既理想又现实的,于是,我们可以说这是一种"完满"意义上的"至善"。

想象一个美好的"上天世界"并不难,凡是在世间受到委屈的人都会幻想一个美妙的"天堂",好像在那里他的委屈就会得到平复;但是建立在想象和幻想上的"天堂",是很容易受到怀疑和质询的,从中国古代屈原的"天问",直到近年描写莫扎特的电影 Amadeus,都向这种想象的产物发出了疑问,究其原因,乃是这个"天堂"光是"理想"的,缺乏"实在性";康德的"天国",在他自己看来,却是"不容置疑"的,因为它受到严格的"理路"的保证。在康德看来,对于这样一个完美无缺、既合理又实实在在的"国度",只有理智不健全的人才会提出质疑。笛卡尔有权怀疑一切,康德也批评过他的"我思故我在"的命题,因为那时康德的领域是"知识的王国";如果就"至善-完满"的"神的王国-天国"来说,那么"思"和"在"原本是"同一"的,"思想的",就是"存在的",同理,"存在"的,也必定是"思想"的,"思"和"在"之间,有了一种"必然"的"推理"关系。对于这种关系的质疑,也就像对于"自然律"提出质疑一样,本身"不合理",因而是"无权"这样做的。

这样,我们看到,康德的"知识王国"、"道德王国"和"神的王国-天国",都在不同的层面和不同的意义上具有现实的内容,不仅仅是形式的,但是没有人怀疑康德哲学的"纯粹性",而康德的"(纯粹)哲学"不是"形式哲学"则也就变得明显起来。

表现这种非形式的"纯粹性"特点的,还应该提到康德的第三批判:《判断力批判》。就我们的论题来说,《判断力批判》是相当明显地表现了形式和内容统一的一个领域。

通常我们说,《判断力批判》是《纯粹理性批判》和《实践理性批判》之间的桥梁,或者是它们的综合,这当然是正确的;这里我们想补充说的是:《判断力批判》所涉及的世界,在康德的思想中,也可以看做是康德的"神的王国-天国"的一个"象征"或"投影"。在这个世界里,现实的、经验的东西,并不仅仅像在《纯粹理性批判》里那样,只是提供感觉经验的材料(sense data),而是"美"的,"合目的"的;只是"审美的王国"和"目的王国"还是在"人间",它们并不是"天国"。在这个意义上,我们具有(有限)理性的人,如果努力提高"鉴赏力-判断力",提高"品位-趣味",成了"高尚的人","脱离了低级趣味的人",那么就有能力在大自然和艺术品里发现"理性"和"感性"、"形式"和"内容"、"合目的性"和"合规律性"等等之间的"和谐"。也就是说,我们就有能力在经验的世界里,看出一个超越世界的美好图景。康德说,"美"是"善"的"象征","善"通向"神的王国",所以,我们也可以说,"美"和"合目的"的世界,乃是"神城-天国"的"投影"。按基督教的说法,这个世界原本也是"神""创造"出来的。

"神城-天国"在康德固然言之凿凿,不可动摇对它的信念,但是毕竟太遥远了些。康德说,人要不断地"修善",在那绵绵的"永恒"过程中,人们有望达到"天国"。所以康德的实践理性的"公设"有一条必不可少的就是"灵魂不朽"。康德之所以要设定这个"灵魂不朽",并不完全是迷信,而是他觉得"天国"路遥,如果灵魂没有"永恒绵延",则人就没有"理由"在今生就去"修善",所以这个"灵魂不朽"是"永远修善"所必须要"设定"的。于是,我们看到,在康德哲学中,已经含有了"时间"绵延的观念,只是他强调的是这个绵延的"永恒性",而对于"有限"的绵延,即人的"会死性"(mortal)则未曾像当代诸家那么着重地加以探讨;但是他抓住的这个问题,却开启了后来黑格尔哲学的思路,即把哲学不仅仅作为一些抽象的概念的演绎,而是一个时间的、历史的发展过程,强调"真理"是一个"全""过程",进一步将"时间"、"历史"、"发展"的观念引进哲学,形成了一个庞大的哲学体系。

黑格尔哲学体系可以说是"包罗万象",是百科全书式的,却不是驳杂的,可以说是"庞"而不"杂"。人们通常说,黑格尔发展了谢林的"绝对哲学",把在谢林那里"绝对"的直接性,发展为一个有矛盾、有斗争的"过程",而作为真理的全过程的"绝对"却正是在那"相对"的事物之中,"无限"就在"有限"之中。

"无限"在"有限"之中,"有限""开显"着"无限",这是黑格尔强调的一个非常重要的思想。这个思路,奠定了哲学"现象学"的基础,所以,马克思说,《精神现象学》是理解黑格尔哲学的钥匙。

"现象学"出来,"无限"、"绝对"、"完满"等等,就不再是抽象孤立的,因而也是"遥远"的"神城-天国",而就在"有限"、"相对"之中,并不是离开"相对"、"有限"还有一个"绝对"、"无限"在,于是,哲学就不再专门着重去追问"理性"之"绝对"、"无限",而是追问:在"相对"、"有限"的世界,"如何""体现-开显"其"不受限制-无限"、"自身完满-绝对"的"意义"来。"现象学"乃是"显现学"、"开显学"。从这个角度来说,黑格尔的哲学显然也不是"形式主义"的。

实际上黑格尔是在哲学的意义上扩大了康德的"知识论",但是改变了康德"知识论"的来源和基础。康德认为,"知识"有两个来源:一个是感觉经验,一个是理性的纯粹形式。这就是说,康德仍然承认近代英国经验主义者的前提:知识最初依靠着感官提供的材料,如"印象"之类的,只是康德增加了另一个来源,即理性的先天形式;黑格尔的"知识"则不依赖单纯的感觉材料,因为人的心灵在得到感觉时,并不是"白板一块",心灵-精神原本是"能动"的,而不仅仅是"被动"地接受。"精神"原本是自身能动的,不需要外在的感觉的刺激和推动。精神的能动性使它向外扩展,进入感觉的世界,以自身的力量"征服"感性世界,使之"体现"精神自身的"意义"。因而,黑格尔的"知识",乃是"精神"对体现在世界中的"意义"的把握,归根结蒂,也就是精神对自身的把握。所以在这个意义上,黑格尔的"科学-知识"(Wissenschaft),并不是一般的经验科学知识理论,而是"哲学",是"纯粹的知识",即"精神"在历史发展的进程中、在时间的进程中对精神自身的把握。

精神(Geist)是一个生命,是一种力量,它在时间中经过艰苦的历程,征服"异己",化为"自己",以此"充实"自己,从一个抽象的"力"发展成有实在内容的"一个""自己",就精神自己来说,此时它是"一"也是"全"。精神的历史,犹如海纳百川,百川归海为"一",而海因容纳百川而成其"大-全"。因此,"历经沧桑"之后的"大海",真可谓是"一个"包罗万象、完满无缺的"大-太一"。

由此我们看到,黑格尔的《精神现象学》作为"现象学-显现学",乃是精神——通过艰苦卓绝的劳动——"开显""自己""全部内容"的"全过程"。黑格尔说,这才是"真理-真之所以为真(Wahrheit)"——一个真实的过程,而不是"假(现)象"(Anschein)。

于是,我们看到,在康德那里被划为"不可知"的"本体-自身",经过黑格尔的改造,反倒成了哲学的真正的"知识对象",而这个"对象"不是"死"的"物",而是"活"的"事",乃是"精神"的"创业史",一切物理的"表象",都在这部"精神创业史"中被赋予了"意义"。精神通过自己的"劳作",把它们接纳到自己的家园中来,不仅仅是一些物质的"材料"-"质料",而是一些体现了"精神"特性(自由-无限)的"具体共相-理念",它们向人们——同样具有"精神"的"自由者-无限者(无论什么具体的事物都限制不住)"——"开显"自己的"意义"。

就我们现在的论题来说,可以注意到黑格尔的"绝对哲学"有两方面的重点。

一方面,我们看到,黑格尔的"自由-无限-绝对"都是体现在"必然-有限-相对"之中的,"必然-有限-相对"因其"缺乏"而会"变",当它们"变动"时,就体现了有一种"自由-无限-绝对"的东西在内,而不是说,另有一个叫"无限"的东西在那里。脱离了"有限"的"无限",黑格尔叫做"恶的无限",譬如"至大无外"、"至小无内",一个数的无限增加,等等,真正的"无限"就在"有限"之中。黑格尔的这个思想,保证了他的哲学不会陷于一种抽象的概念的旧框框,使他的精神永远保持着能动的创造性,也保持着精神的历程是一个有具体内容的、非形式的过程。在这个意义上,黑格尔的"绝对"并不是一个普遍的概念,而是具体的个性。这个"个性",在它开始"创世"时,还是很抽象的,而在它经过艰苦创业之后"回到自己的家园"时,它的"个性"就不再是抽象、空洞的了,而是有了充实的内容,成了"真""个性"了。

另一方面,相反的,那些康德花了很大精力论证的"经验科学",反倒是"抽象"的了,因为这里强调的只是知识的"普遍性",这种普遍性又是建立在"感觉的共同性"和理性的"先天性-形式性"基础之上的,因而它们是静止的,静观的,而缺少精神的创造性,也就缺少精神的具体个性,所以这些知识只能是"必然"的,而不是"自由"的。经验知识的共同性,在黑格尔看来,并不"纯粹",因为它不是"自由"的知识;而"自由"的"知识",在康德看来又是自相矛盾的,自由而又有内容,乃是"天国"的事,不是现实世界的事。而黑格尔认为,"自由"而又有内容,就在现实之中,这样,"自由"才是具体的,不是抽象的形式。这样,在黑格尔看来,把"形式"与"内容"割裂开来,反倒得不到"纯粹"的知识。

于是,我们看到,在黑格尔那里,"精神"的"个性",乃是"自由"的"个性",不是抽象的,也不是经验心理学所研究的"性格"——可以归到一定的"种""属"的类别概念之中。"个体"、"有限"而又具有"纯粹性",正是"哲学"所要追问的不同于经验科学的问题。

那么,为什么黑格尔哲学被批评为只讲"普遍性"、不讲"个体性"的,比经验科学还要抽象得多的学说?原来,黑格尔在《精神现象学》中许诺,他的精神在创业之后,又回到自己的"家园",这就是"哲学"。"哲学"是一个概念的逻辑系统,于是在《精神现象学》之后,尚有一整套的"逻辑学"作为他的"科学知识(Wissenschaften)体系"的栋梁。在这一部分里,黑格尔不再把"精神"作为一个历史的过程来处理,而是作为概念的推演来结构,构建一个概念的逻辑框架。尽管黑格尔把他的"思辨概念-总念"和"表象性"抽象概念作了严格的区别,但是把一个活生生的精神的时间、历史进程纳入到逻辑推演程序,不管如何努力使其"自圆其说",仍然留下了"抽象化"、"概念化"的痕迹,以待后人"解构"。

尽管如此,黑格尔哲学仍可以给我们以启示:黑格尔的"绝对精神"既是"先经验的-先天的",同样也是"后经验的-总念式的"。

"绝对精神"作为纯粹的"自由",起初只是"形式的"、没有内容的、空洞的、抽象的;当它"经历"了自己的过程——征服世界"之后",回到了"自身",这时,它已经是有内容、充实了的,而不是像当初那样是一个抽象概念了。但是,此时的"精神"仍然是"纯粹"的,或者说,这才是真正意义上的有了内容的"纯粹",不是一个空洞的"纯粹",因为,此时的经验内容被"统摄"在"精神-理念"之中。于是就"精神-理念"来说,并没有"另一个-在它之外"的"感觉经验世界"与其"对立-相对",所以,这时的"精神-理念"仍是"绝对"的,"精神-理念"仍是其"自身";不仅如此,此时的"精神-理念"已经不是一个"空"的"躯壳-形式",而是有血肉、有学识、有个性的活生生的"存在"。

这里我们尚可以注意一个问题:过去我们在讨论康德的"先验

性-先天性"时,常常区分"逻辑在先"和"时间在先",说康德的"先天条件"乃是"逻辑在先",而不是"时间在先",这当然是很好的一种理解;不过运思到了黑格尔,"时间"、"历史"的概念明确地进入了哲学,这种区分,在理解上也要作相应的调整。按黑格尔的意思,"逻辑在先-逻辑条件"只是解决"形式推理"问题,是不涉及内容的,这样的"纯粹"过于简单,也过于容易了些,还谈不上真正意义上的"纯粹";真正的"纯粹"并不排斥"时间",相反,它就在"时间"的"全过程"中,"真理"是一个"全"。这个"全-总体-总念"也是"超越","超越"了这个具体的"过程",有一个"飞跃","1"+"1"大于"2"。这就是"meta-physics"里"meta"的意思。在这个意思上,我们甚至可以说,真正的、有内容的"纯粹"是在"经验-经历"之"后",是"后-经验"。这里的"后",有"超越"、"高于"的意思,就像"后-现代"那样,指的是"超越"了"现代"(modern)进入一个"新"的"天地","新"的"境界",这里说的是"纯粹哲学"的"境界"。所以,按照黑格尔的意思,哲学犹如"老人格言",看来似乎是"老生常谈",甚至"陈词滥调",却包容了老人一生的经验体会,不只是空洞的几句话。

说到这里,我想已经把我为什么要支持"纯粹哲学"研究的理由和我对这个问题的基本想法说了出来。最后还有几句话涉及学术研究现状中的某些侧面,有一些感想,也跟"纯粹性"有关。

从理路上,我们已经说明了为什么"纯粹性"不但不排斥联系现实,而且还是在深层次上十分重视现实的;但是,在做学术研究、做哲学研究的实际工作中,有一些因素还是应该"排斥"的。

多年来,我有一个信念,就是哲学学术本身是有自己的吸引力的,因为它的问题本身就在一个更高的层面上涉及现实的深层问题,所以不是一种脱离实际的孤芳自赏或者闲情逸致;但它也需要"排斥"某些"急功近利"的想法和做法,譬如,把哲学学术当做仕途的敲门砖,"学而优则仕","仕"而未成就利用学术来"攻击",骂这骂那,愤世嫉俗,自标"清高",学术上不再精益求精;或者拥学术而"投入市场",炒作"学术新闻",标榜"创新"而诽谤读书,诸如此类,遂使哲学学术"驳杂"到自身难以存在。这些做法,以为除了鼻子底下、眼面前的,甚至肉体的欲求之外,别无"现实"、"感性"可言。如果不对这些有所"排斥",哲学学术则无以自存。

所幸尚有不少青年学者,有感于上述情况之危急,遂有"纯粹哲学"之论,有志于献身哲学学术事业,取得初步成果,并得到江苏人民出版社诸公的支持,得以"丛书"名义问世,嘱我写序,不敢怠慢,遂有上面这些议论,不当之处,尚望读者批评。

叶秀山

2001 年 12 月 23 日于北京

序

　　萨特哲学的命运,就像他这个人一样,是一个传奇故事,是一次思想史的历险。他最精彩的思想,在《存在与虚无》和小说《恶心》之中。当我们把萨特当成哲学家时,往往不自觉地忘记了他也是一个作家,反之亦然,我们会忘记他同时是一个伟大的哲学家。他游走于哲学与文学之间,得心应手,他不是一个哲学教授,而是一个伏尔泰式的人物,这事发生在20世纪,简直是一个奇迹,因为我们时代的哲学家,大都是哲学教授。

　　萨特介入社会生活,干预政治,与所有知识分子论战,对新生事物有着浓厚兴趣,他是一个喜欢思想历险的人,一生的思想变化多端。可以这么说,就对于社会生活影响的广泛程度而言,在20世纪的哲学家中无人比得上萨特,他不仅思想深刻,而且是一个有趣的人。

　　萨特的存在主义哲学在当代中国的命运,令人唏嘘不已,就像是夜空里划过的一颗闪亮的流星,随即又消失在黑暗之中。在中国学术界,萨特从来不曾得到康德、黑格尔、胡塞尔、海德格尔那样的待遇,萨特被我们严重忽视了,其中的原因固然很多,但一个明显的误解,是很多人觉得萨特的哲学比康德和海德格尔的"浅",而要突破这样的理解误区,得需要很多别的维度的想象力，而我们的学界，似乎不太愿意从其他方向想问题。

研究萨特思想之所以重要，关键的一点是，他的思想风格完全不是"中国式的"，可以把海德格尔的思想和古中国文化做比较，但萨特绝对不行，他终生都是个人主义者、无政府主义者，合起来说，也就是自由。对于萨特这样的人，我们绝对不要只是看到他在书里说了什么，而要看他在做什么、如何做，要介入他的个人生活的最为细微之处，他的自相矛盾，他的直来直去。总之，我们从来就不曾像他那样做一个学者——自己发明一种思想，而且言行一致，怎么说就怎么做。

屈明珍博士的这本书，研究萨特的早期自由思想，主要是萨特的《存在与虚无》一书。在我看来，萨特这本书，是20世纪最重要的哲学著作之一。如果没有这本书，那么萨特可能只是一个社会活动家，一个像伏尔泰那样呼吁思想自由的战士。有了这本书，萨特可以与海德格尔平起平坐，甚至在某种意义上超越海德格尔，因为萨特的写作，是"鸡尾酒里的现象学"，是滑雪场里的哲学。但是，就像之前的哲学家一样，萨特也从他之前的伟大哲学家的著作中汲取灵感。当他讨论自由的主题时，对于哲学史如数家珍，论证严谨。萨特的哲学写作风格是：用转引取代直接引用，而在转引时，他会不自觉地加上他自己的思想，他的想象力实在太丰富，他要给思想加上场合和情景，我们可以把他的哲学当小说读，而从他的小说中也可以读出他的哲学。

20世纪欧洲大陆哲学，就像一场精彩的足球赛，可以分成上下半场。上半场属于德国哲学，下半场属于法国哲学，甚至在形而上学的意义上，可以略微夸张地说，如今的世界哲学主流，就是当代法国哲学，就像18世纪思想启蒙时代一样，捕捉住了精神文明的时代脉搏。萨特之后的福柯、德勒兹、德里达们，盖住了萨特的思想锋芒。但是，21世纪以来，当思想界重新审视20世纪的法国哲学，萨特的存在主义哲学，得到重新评价，法国思想家列维在21世纪之初出版大部头新作《萨特的世纪》，力求恢复萨特在思想史应有的地位,那些激烈批评萨特的当代法国新潮思想家,忘记了他们欠了萨特的情,忘记了他们曾经从《存在与虚无》中获得灵感……

鉴于以上,理解萨特,尤其是他关于自由的思想,在当代中国的学术研究中,应是一件非常有现实意义的工作。屈明珍博士的这本书,很有理论深度,对萨特哲学的基本概念和哲学体系,有准确的把握,写得清晰,不晦涩,是一本很好的学术著作,值得一读。

尚　杰
2020 年 10 月 18 日

目　录

导论 萨特及其哲学的地位与意义

让-保罗·萨特(Jean-Paul Sartre,1905—1980)是 20 世纪法国哲学史上耀眼的明星,是声名显赫的存在主义哲学家,是战后知识分子的守护神,但人们认为这颗巨星在 20 世纪 50 年代末就开始陨落,其哲学思想受到质疑和攻击,其守护神的地位也趋于崩溃,由此造成了法国思想史上的不确定性和怀疑时代的到来,存在主义日渐式微,结构主义思潮粉墨登场,列维-施特劳斯、福柯、阿尔都塞、德勒兹和德里达等作为法国思想界新崛起的英雄相继取而代之。[①] 这些后继的思想英雄们,这些"68 年思想"的著名代表们激烈地攻击他,如列维-施特劳斯在《野性的思维》中、福柯在《知识考古学》中、阿尔都塞在《给约翰·刘易斯的回信》中,都对萨特及其思想做了百般嘲讽。这些后现代主义者"把反萨特的激情当成了他们的共同感情"[②]。如尼采昭告天下"上帝已死"一般,结构主义者和后结构主义者甚至迫不及待、或明或暗地宣称"萨特已死"。人活着参加自己的"葬礼"是一件令人感到非常悲哀的事情。1977 年 1 月,萨特不无悲伤地感叹道:"今天人们谈起我仿佛我是那些活着的死者中的一

---

① 参见[法]弗朗索瓦·多斯《从结构到解构》,季广茂译,中央编译出版社 2004 年版,第 5—6 页。
② [法]贝尔纳·亨利·列维:《萨特的世纪》,闫素伟译,商务印书馆 2005 年版,第 308 页。

个……我与我的福楼拜一起死去了，或许甚至在更早的时候我就已死……我继续写作但已经没人再读我的作品了。"[1]

时至今日，萨特辞世已经四十多年，21 世纪的法国哲学早已转入后现代主义后结构主义时代，再谈论萨特其人其思是否显得有点过时，甚至是不合时宜？要回答这一疑问，先让我们从萨特的个人生命历程说起。因为"存在主义真正的旨趣和价值不在于把存在主义作为一个整体来加以概括，而在于它鲜活地存在于每一个思想家的生平事迹和著书立说中"[2]，而萨特自己也不断强调"我的人生与我的哲学是同一的"，所以重新审视萨特及其哲学，必须从回顾其生平事迹开始。

一、萨特的生平与著述

萨特 1905 年生于巴黎，他的父亲是海军军官，在萨特出生十五个月时去世。父亲的死，萨特认为是"给我母亲套上了枷锁，却给了我以自由"，在没有父权重压的成长氛围里，小萨特无拘无束、自由随性地长大，他说"我没有'超我'"[3]。萨特的母亲安-玛丽由于缺乏供养家庭的能力，不得不搬回娘家，即萨特的外祖父——史怀特家，带着萨特共住在娘家的"婴儿室"里。萨特与母亲关系非常亲密，但他们在史怀特家的关系更像是大姐姐与小弟弟的关系，因为萨特的外祖母操持家务，而他的外祖父查尔斯·史怀特负责整个家族的教育与其他大事。

萨特在外祖父史怀特家中度过了近十年的童年时光。这十年是奠定萨特一生的理想与抱负的关键时期，后来他写的自传《词语》回顾了这十年童年生活如何塑造了他的性格，并确立了"写作"作为他的人生使命。

① Cohen-Solal, *Sartre*：*A Life*，Ed. Norman Macafee, Trans. Anna Cancogni, New York：Pantheon Books，1987，p.494.
② ［美］理查德·坎伯：《萨特》，李智译，中华书局 2014 年版，第 11 页。
③ ［法］萨特：《词语》，潘培庆译，读书·生活·新知三联书店 1989 年版，第 9—10 页。

　　萨特的外祖父母都是受过良好教育的读书人,他们的房间里摆满了各种书籍,萨特就是在这些书籍中长大的。查尔斯·史怀特是一位语言教师,不仅饱读诗书而且孔武有力、精力旺盛,在个人生活方面风流倜傥、放荡不羁。萨特成年后对两性关系的开放态度,很有可能受他外祖父潜移默化的影响。查尔斯·史怀特很喜欢萨特这个外孙,尽力塑造他的品格,培养他在文学方面的兴趣爱好。史怀特并不希望萨特成为作家,他认为那是一个不可靠的职业,而教师与学者才是他期望萨特从事的有保障的工作。

　　与此同时,萨特的母亲也深深地爱着他,经常给他买来图画书和历险故事书,好让儿子能尽情享受童年的快乐。在书堆中慢慢长大的萨特,有时会被外祖父高雅的文学品味折服,有时又会被母亲提供的儿童图画书和故事书深深吸引,时不时梦想成为游侠骑士或斗士英雄。据萨特自己回忆,大约从 8 岁开始到 12 岁的时候,他就决定成为一个作家,而非他外祖父希望的教师或学者。更准确地说,萨特确信“作家”是他一生的使命,只有“词语”才能确证他存在的合理性,他想用手中的“笔”而非“剑”来成就他的英雄主义梦想,“他通过故事的魔力验证了自己在这个世界上的存在,而且获得了一种真实性”[①]。萨特后来坚持每天用笔写作,哪怕有打字机也不用,他书写的速度惊人(大多数时候只有他最亲密的人才能辨认他的字迹),几乎到一种疯狂投入的地步,他自己非常享受这种疯狂的状态。他说:“我之所以喜欢我的疯狂,是因为它从一开始就保护我不受‘名流们’的迷惑。我从来就不认为我是具有某种‘才华’的幸运者:我唯一的事情就是赤手空拳、两袖清风地通过我的工作和真诚来拯救我自己。因而我的抽象选择并没有使我超出于任何人之上:我一无装备,二无工具,我以我的全部力量去拯救我的一切。”[②]

　　1920 年,萨特的外祖父把他送到巴黎亨利四世中学做寄宿生。这所

[①]　[法]德尼斯·贝尔多勒:《萨特传》,龙云译,人民文学出版社 2013 年版,第 38 页。
[②]　[法]萨特:《词语》,潘培庆译,读书·生活·新知三联书店 1989 年版,第 183 页。

学校是当时法国著名大学的预科中学,为大学学习提供准备性课程,许多著名的哲学家都在这所中学担任过教师。萨特在那里与后来也成为作家的同学保罗·尼赞相处得很融洽,他们一起读了普鲁斯特的《追忆似水年华》。这深刻地改变了他的文学意识:"这是一项巨大的发现,正是他(普鲁斯特)让我完成了从冒险小说向文化小说或者文化书籍的过渡。"①与此同时,萨特的哲学老师夏布里埃也让他开始对哲学产生浓厚的兴趣,让他明白了文学可以反映世界,而哲学可以认知和解释世界,从而获得自由。"在巴黎亨利四世中学上二年级的时候,也就是上哲学班的时候,我学到了自由这个词,或者说至少学到了它的哲学意义。就是在这个时候,我开始迷恋自由,我成了自由的坚决捍卫者。"②

1922 年夏天,萨特转入圣·雅克大街路易大帝中学巴黎高师文科预备班,在那里度过了两年学习时光。预科班第二年,哲学老师科洛纳·迪斯特利亚要求交一篇讨论"持续感"的论文,萨特从柏格森的《论意识的直接材料》中获得了灵感,通过深入柏格森的世界,他确定了自己将做"哲学家"而非"文学家","这很简单,从柏格森开始,这已经成为一种使命,也就是说我感觉到有从事这个的需求,但却并不太清楚哲学和文学之间到底有什么关系"③。他确定自己将在巴黎高师攻读哲学教师资格方向,而非文学方向。

1924 年,萨特考入巴黎高等师范学校攻读大学学位。在大学五年期间,除了从书本中学习知识,萨特还参加了同学之间的交流学习,这些一起交流的同学都是才华横溢的,如雷蒙·阿隆、莫里西·梅洛-庞蒂、西蒙·威尔、让·依波利特,还有后来成为他终身情侣的西蒙娜·德·波伏瓦。

1928 年,萨特首次参加教师资格考试因答题太过追求新颖而落榜。

---

① 转引自[法]德尼斯·贝尔多勒《萨特传》,龙云译,人民文学出版社 2013 年版,第 66 页。
② 转引自[法]德尼斯·贝尔多勒《萨特传》,龙云译,人民文学出版社 2013 年版,第 72 页。
③ 转引自[法]德尼斯·贝尔多勒《萨特传》,龙云译,人民文学出版社 2013 年版,第 81 页。

1929 年春，在准备第二次参加教师资格考试的时候，萨特结识了波伏瓦。同年 7 月，他们一起参加考试，萨特名列榜首，波伏瓦排名第二。他们在一起备考的几个星期里就已经亲密无间了，"萨特恰恰满足了我十五年的心愿：他是酷似我的人，在他身上我找得到自己的全部爱好，而且达到极致。和他在一起，我永远可以分享一切。8 月初离开他时，我知道他永远再也不会走出我的生活"①。萨特说："我现在觉得她很美，一直以来都觉得她很美，即使当我认识她的时候，她头上戴着很难看的小帽子。我绝对想认识她，因为她很美，因为她有着这样的头脑，而且一直有着这样的头脑，让我很喜欢。西蒙娜·德·波伏瓦的可人之处，那就是她有着男人的智慧……和女人的细腻。也就是说，在她身上，我完全找到了自己渴望的东西。"②在这之后，他们确定了一种无婚姻但必然又开放的情侣关系，并且维持了五十一年直到 1980 年萨特去世。"这种关系的力量似乎起源于一种强大的知识和情感的互补性。他俩都找到了她/他一直在寻找的对象（double）[萨特最喜欢的一个向他的伴侣示爱的措辞便是'你亦我（you other myself）'）。"③

1929 年 11 月到 1931 年 2 月，萨特一直在军队服兵役。从部队回来后，他被分配到勒阿弗尔一所中学教哲学。这期间他写过两本既非小说也非哲学的作品——《挫败》和《真理的传说》，都被出版社拒绝了。

1933 年春，萨特和波伏瓦一起旅行时在巴黎邂逅了他们共同的老朋友雷蒙·阿隆（R. Aron）（阿隆当时正在柏林学习现象学）。这是萨特哲学生涯中的一个转折点。1933 年夏，他们在一家饭店吃饭喝鸡尾酒，阿隆指着一个酒杯说："老伙计，你是一个现象学家的话，你就能谈这鸡尾

---

① ［法］西蒙娜·德·波伏瓦：《波伏瓦回忆录》（第一卷·端方淑女），罗国林译，作家出版社 2011 年版，第 256 页。

② ［法］德尼斯·贝尔多勒：《萨特传》，龙云译，人民文学出版社 2013 年版，第 113—114 页。

③ ［英］安德鲁·利克：《萨特》，张锦译，北京大学出版社 2019 年版，第 21—22 页。

酒,就能从这酒中搞出哲学来。"①据波伏瓦回忆录里的记载,萨特当时就激动得脸色发白,在回去的路上,立马买了一本列维纳斯介绍胡塞尔的书。后来萨特接受了阿隆的建议当年就成功申请到柏林学习一年现象学。

1933 年 10 月到 1934 年 6 月,萨特潜心研读胡塞尔,阅读了 1913 年出版的胡塞尔名著《纯粹现象学和现象学哲学的观念》。在此基础上,他撰写了两部现象学的著作《想象》和《自我的超越性》,分别于 1936 年、1937 年由伽利玛出版社出版。1938 年,该社还出版了萨特哲学内涵最为丰富的小说《恶心》。

1939 年,萨特实现了他成为一名作家的理想。他的散文、短篇小说、文学批评和新小说都得以出版,并广为流传。他已经被公认为法国文学界的一名新秀。他的五部短篇小说以《墙》为书名结集出版,其中首部小说写的是西班牙内战时等待死刑判决的犯人的心理,这显示了他对海德格尔的《存在与时间》不断增长的兴趣,特别是海德格尔对于本真性,即"面向死亡的自由"的兴趣。与此同时,他还花三个月写了长达 400 页的论述现象学心理学的论文,其中一部分以《情绪理论纲要》为名出版。这本书表明他对海德格尔的《存在与时间》的质疑不断增长。

1939 年 9 月,第二次世界大战爆发后,萨特应征服役,被派遣到距前线只有十三英里的一个小村庄,为法国炮兵从事风力测量工作。1940 年 6 月,萨特被开战以来见到的第一批德国士兵俘虏,被送到卢森堡边界附近的集中营。在狱中,萨特与几个牧师、神父交上了朋友。其中的一个叫马里厄斯·佩兰的教士对现象学感兴趣,萨特就把海德格尔的《存在与时间》翻译成法文教他。这时他扮演的仍然是精神大师的角色而非政治生活的带头人,他在狱中写给波伏瓦的信中说:"我正在成为很多人的

①[法]西蒙·波娃:《盛年——西蒙·波娃回忆录》(上),陈欣章等译,江苏文艺出版社 1992 年版,第 149 页。

精神导师。"在此期间,萨特没有放松读书与写作,每天写日记,而且还写了大量的关于克尔凯郭尔、海德格尔与黑格尔的读书笔记,这为他出狱后写作《存在与虚无》做了充分的材料准备。在被关押九个月后,萨特利用一张假医疗证获得释放。

　　1941 年 4 月,萨特回到巴黎,发现自己置身于一个被占领的城市。虽然生活在纳粹统治下是一种耻辱,但德军对非犹太人、非共产主义者,或者被确认为没有持不同政见者的法国公民还是相对宽容,萨特生活起来也就不是太困难。萨特回到中学担任全职中学教师,业余时间仍坚持写作。但与战前不同,他开始参与一些社会政治活动,如与梅洛-庞蒂、J. D. 达桑弟、波伏瓦等人一起组织成立反战组织"社会主义与自由",这个组织以左翼知识分子为主,以反抗纳粹、维希政府和一切形式的通敌卖国为章程。这标志着萨特从战前的"精神导师"向"介入性作家(committed writer)"[①]的转变:不仅用笔更用自己的行动介入社会政治生活以承担知识分子的责任,而非之前仅仅通过写作获得救赎的象牙塔中人。这对当时整个法国知识界有着深刻的影响,正如法国当代著名哲学家德勒兹所生动描述的:"战争胜利时,我们奇怪地蜷缩在哲学史的角落里。人们刚刚知道黑格尔、胡塞尔和海德格尔,我们就像一群年轻的犬狗涌向比中世纪还要糟糕的经院哲学。万幸的是,我们有了萨特,他是我们的外在。这真是后院吹来的一阵清风……在索尔本大学的一切可能性中,他是唯一给予我们力量以承受重新开始的新秩序的人。萨特从未停止成为这样的人。他不是一种模式,一种方法,但他是一股新鲜空气,一股清风,甚至当他从'花神'咖啡馆走来时也是如此,他是一个仅仅改变知识界处境的知识分子。"[②]

　　除此之外的时间,萨特都在巴黎的圣日耳曼大街花神咖啡馆奋笔疾

---

① 这是萨特 1947 年发表在《现代》杂志上的《什么是文学?》一文中明确提出的,大意即作家应该为他的时代而写作,应该有社会责任。

② 转引自杜小真《萨特引论》,商务印书馆 2007 年版,第 25—26 页。

书,写下了长达700多页的哲学巨著《存在与虚无》。1941年,他开始动手写这部著作,并于1942年10月完稿,1943年由伽利玛出版社出版。这部奠定萨特哲学家地位的著作在刚刚出版之时并未引起轰动,但几个月后却成了一种"时髦","这个萨特真是时髦。1943年,他出版了一部一公斤重的著作!……卖面粉或者土豆的杂货店的老板都必须人手一册"①。在这段时间,他还完成了小说《自由之路》第一卷《不惑之年》的收尾工作并开始着手写第二卷《缓期执行》,同时还创作了一部戏剧《苍蝇》,还发表了对加缪、巴塔耶、布朗肖等人作品的评论。

1944年8月,由戴高乐领导的"自由法国"部队及盟军进入巴黎城区,巴黎从德国占领下获得解放。1945年4月30日,希特勒在他的地堡自杀,8天后,德国无条件投降,欧洲战事结束。从这以后,萨特的书籍能够在更大范围出版、发行,并被翻译成多种语言,其戏剧甚至在国外上演,他的名气就不仅仅限于巴黎了,而是很快在整个法国,甚至全世界都负有盛名。

这时萨特真成了一种"时髦",到处被媒体追捧,其著作被人们争相出版、购买和阅读。但这种盛名背后也有误解,还有攻击,比如共产主义者把他认定为"绝望哲学"的最高教士,指责他"败坏了我们青年人的道德"。"存在主义"本来不是他的原创,而是罗马天主教哲学家布里埃尔·马塞尔杜撰出来的,但由于这些攻击者对"存在主义"污名化,作为反击,萨特干脆接受这一标签并且赋予其新的含义:"存在主义是一种关涉行动、努力、斗争和团结的人道主义哲学"。1945年10月,萨特接受了做一个题为《存在主义是一种人道主义》的公共讲座的邀请,尝试保护自己,避免受这种无情的攻击。这之后,存在主义也成了一种时尚风靡一时。接着,萨特辞去教职,他与梅洛-庞蒂、雷蒙·阿隆、波伏瓦等人创办《现代》杂志并担任主编,这份杂志成为存在主义的重要堡垒。

① 转引自[法]德尼斯·贝尔多勒《萨特传》,龙云译,人民文学出版社2013年版,第226页。

1946 年,萨特在《现代》杂志上发表了《唯物主义与革命》一文,开始了他与法国共产党的漫长论争。此文一出,即受到法共《人道报》的批判,这使得他与共产党的关系一度紧张起来。其实,与加缪、梅洛-庞蒂等人明确反对法共的立场相比,萨特这期间的态度并不激进,甚至是有些矛盾的:一方面他强烈谴责集中营;另一方面又认为苏联是一架"出了事故的机器",还有修复的可能。1948 年,他发表剧本《肮脏的手》,这是一部被视为具有反共倾向的作品,萨特后来禁止在未得到许可的情况下在社会主义国家上演该剧。1952 年,他又与共产党合作,参加营救因反对印度支那战争而遭逮捕关押的亨利·马丁,并发表了《马丁事件》一文。

正是因为这样的立场,加缪和梅洛-庞蒂先后与萨特决裂。1951 年,加缪发表哲学著作《反抗者》,书中的哲学与政治立场与萨特大相径庭。萨特出于友情没有还击,并且还让《现代》杂志社编委成员不要攻击加缪。但萨特的学生弗朗西·让松六个月后忍不住在《现代》杂志上发文回应加缪,最终导致萨特与加缪两人绝交。1953 年,梅洛-庞蒂也因政治观点的分歧与萨特决裂,辞去了《现代》杂志社编委会的工作。萨特这种矛盾的态度持续了相当长的时间,他继续一面与法共论争,一面与法共共同进行一些活动。这期间他访问过苏联和中国,担任苏法友好协会副主席,参加世界和平大会。

1956 年是萨特政治生活中的一个重大转折时期,有三件大事让他公开与法共决裂。这三件大事分别是:法国国内选举左派得胜却同意向阿尔及利亚增兵;在苏共二十大上,赫鲁晓夫做反斯大林的秘密报告,法共最初是沉默的;再有就是苏军进驻匈牙利布达佩斯。这三件事引起法国知识界极大的反感,也让萨特从一种自认为的"狂热"中走出来,"那时候,经过一系列的政治事件,我十分注意我与共产党的关系。而一旦投身于行动的气氛之中,我突然清楚地看到曾统治着我以往事业的一种狂热,而我以前却没有认识到"①。对于自己与共产党的关系,萨特后来做出了反思:"那时候,伴随一连串的政治事件,我同共产党的关系着实令我困扰不已。我被抛入行动的氛围中,突然一种神经病态中视线清晰,它把我所有的作品摆在面前……我静静思考着,我是为了写作而生。为了证实我的存在,我将文学变为绝对。我需要三十年的时间来扭转这种精神状态。当我同共产党的关系使我觉得有让步的必要时,我决定写一部自传。我想要展示的是,一个人如何能从被看做圣物的文学跨越到一个行动,而后者仅属于知识分子。"②

尽管萨特对苏联式共产主义和法共不再抱有任何幻想,然而他对马克思主义的热情却比以往更高涨了。因为萨特认为是苏联和法共扭曲和篡改了马克思主义,他的新目标就是重新解读马克思主义来激发共产主义的改造,他要扮演独立的马克思主义者。后来,萨特用三年时间写了一部比《存在与虚无》篇幅还长的著作——《辩证理性批判》。他努力把存在主义整合到马克思主义中以填补其"人学空场",1960年,该著作获得出版。这部著作非常冗长又特别晦涩难懂,但还是受到了学术界的高度评价,大家都肯定了萨特的这种努力,尽管法国当代哲学家米歇尔·福柯说它是"19世纪的人冥想20世纪的卓绝而悲惨的努力"③。

1960年8月,萨特因支持阿尔及利亚抵抗运动差点被警察逮捕,后因戴高乐的保护而得以幸免。尽管萨特反对当局,但戴高乐还是非常敬重萨特,把他与伏尔泰相提并论,声称"我们不能逮捕伏尔泰"。但是法国右翼分子不放过萨特,1962年,他们用一颗炸弹炸毁了萨特和他母亲住了近十六年的公寓。幸亏萨特当时已经把他母亲安排在一个旅店,自己与波伏瓦住在一个新公寓里,才得以幸免。

---

① 转引自杜小真《萨特引论》,商务印书馆2007年版,第29页。
② [法]弗朗西斯·让松:《萨特》,许梦瑶、刘成富译,上海人民出版社2009年版,第128页。
③ [英]安德鲁·利克:《萨特》,张锦译,北京大学出版社2019年版,第167页。

1963 年,萨特完成了描述他 10 岁之前童年生活的自传——《词语》一书。虽然萨特长期以来批评弗洛伊德式理论强调童年时期在个性形成中具有重要意义的观点,但他后来也把法国弗洛伊德学派心理学家雅克·拉康的"在个性形成中家庭的复杂性"注解为另一种"异化":"在所有社会中还有另一种异化(它是非常重要的):那就是孩子的异化"①。萨特在《词语》中只写了他 10 岁之前的生活,因为他认为他的童年从 10 岁之时就匆匆结束了。在萨特 12 岁时,他的母亲再婚,他感觉自己就不再拥有幸福快乐的童年了。

该书文字优美,情趣盎然,拥有法国文学的"智慧、魅力和深刻",它一出版就成了畅销书。1964 年,萨特因这本书被推选为诺贝尔文学奖获得者,但他拒绝接受此荣誉及随之而来的 2600 万法郎的奖金。他拒绝来自官方的任何荣誉,除了诺贝尔文学奖,他还拒了其他的奖项,如战后荣誉勋位。这是因为他不希望被贿赂,或者说是不愿意被资产阶级机构所收买,他要做自由、独立的知识分子。诺贝尔文学奖宣布两天后,萨特在《世界报》上发表了一个拒绝领奖的说明:"我的拒绝并不是什么仓促的突然行动,我一向拒绝一切来自官方的荣誉","作家必须拒绝使他自己陷入一种体制之中"。

到 1965 年,尽管萨特还继续写些文学批评和有哲学内涵的小品文,但他已经放弃小说、剧本和哲学著作的写作了。他的最后一部长篇著作是给小说家福楼拜写的三卷本传记《家庭白痴》,该书于 1971 年出版。

萨特生活的最后十五年,不再以笔介入为主,更多的是作为知识分子的"及时准确的介入(punctual interventions)",即投身于社会活动。他全力支持移民工人,为他们恶劣的生存条件提出抗议;他涉入工人的安全问题中——尤其是矿井工人的安全;他反抗巴黎古德多街区的种族主义;与福柯一起,他加入对监狱体系的彻底改革中;他发起对警察暴行

① ［英］安德鲁·利克:《萨特》,张锦译,北京大学出版社 2019 年版,第 170 页。

和包庇问题的实例访查。在法国之外的"战场"上,他参加了苏联犹太人被阻止移民的事业,写信号召以色列人停止迫害正直的反对者。1974年,他拜访了在德国监狱被单独囚禁的红军旅的前任领导人安德列亚斯·巴德。1975年后,不良的身体状况迫使萨特减少了这种"及时准确的介入",但是,到1979年底,他还身体力行地支持越南"乘船外逃的难民"。凡此种种,萨特都是在用行动践履作为知识分子的社会责任,他认为知识分子不应该是"实用知识的技工",为某个阶级的利益服务,而应该为"真理、客观性和普遍性"工作。①

继1973年中风以后,萨特的身体开始每况愈下,他患有糖尿病,小便失禁,加上双目失明,再也不能阅读和写作了。但是,萨特并没有停止活动,他经常发表谈话录,接见朋友或学生,并且开始向波伏瓦做回顾生平的谈话(萨特去世后一年,该谈话由波伏瓦整理后以《永别的仪式·同让-保尔·萨特的谈话》为书名出版)。1979年到1980年秋冬,虽然萨特已很少出来活动,但他还是对几个事件做出了回应。1979年9月,他参加了被杀身亡的《现代》杂志编辑部成员皮埃尔·高德曼的葬礼。1980年1月,他反对对安德烈·萨哈罗夫的严密监视,支持抵制莫斯科奥运会。同年2月,他接受《性吟步履》月刊的采访,还在《弓》中谈论了福楼拜、凯特琳·克莱芒和贝尔纳·班果。当这些访谈问世时,他已经不在人世。

1980年3月,也就是在萨特逝世前一个月,萨特曾雇用的《人民事业报》的原编辑本尼·莱维发表了他与萨特的谈话《今朝的希望:1980年访谈录》。这个访谈录包括萨特关于哲学问题最后的观点和由莱维所作的两个简短的评论。此文一出,萨特的朋友们都大为震惊,他们都不相信这是萨特的真实想法。雷蒙·阿隆认为在访谈录中萨特表达出来的观点太过理性,这不符合萨特以往的风格。法国著名电影导演弗朗索瓦·

---

① 参见〔英〕安德鲁·利克《萨特》,张锦译,北京大学出版社2019年版,第179—189页。

特鲁福更是斥之为"纯粹胡说"。而波伏瓦在这个访谈录发表前就试图极力阻止它的问世,但最终因萨特的执拗而未果,她通过发表《永别的仪式·同让-保尔·萨特的谈话》表达了她相信萨特一直坚持无神论立场的看法,而对《今朝的希望》中披露出的萨特将革命的终极目的寄希望于弥赛亚主义(messianism)表示质疑。

1980 年 4 月 15 日,萨特在昏迷中与世长辞。当时,他的脉搏十分微弱,而且还因坏疽感染了褥疮。4 月 13 日,萨特在失去知觉前,他告诉波伏瓦:"我非常爱你,我亲爱的海狸。"①4 月 15 日,波伏瓦白天一直守在萨特病床旁,傍晚萨特的养女来接替,晚上九点萨特停止了心跳。波伏瓦和萨特的其他朋友博斯特、普庸、朗兹曼、格尔兹等都纷纷赶来。"他看上去还是那个样子,但他的呼吸已经停止。"②在医院的允许下,他们一起围着萨特守夜到凌晨五点,做了萨特在世时喜欢的事情:说话,互相讲故事,喝威士忌(很多威士忌),哭,笑。

萨特最后只提出两个愿望:1. 火化;2. 不要埋葬在贝尔拉雪兹公墓其母亲和继父之间。"我们决定,临时在蒙帕纳斯将其安葬,然后再将他送到贝尔拉雪兹公墓火化,他的骨灰最后存放在蒙帕纳斯公墓的一个墓穴里。"③在萨特停止呼吸的那一刻,他已经成为一个完全公众化的存在。波伏瓦他们进医院的时候,记者和摄影师都争先恐后试图抢到独家新闻。幸亏有萨特的医生和护士的保护,波伏瓦和其他朋友才单独最后陪了萨特几个小时。

4 月 19 日,从医院到墓地运送萨特遗体的灵车后面跟随着大约 5 万人的人群,他们与同时守候在墓地的另一群人汇聚到一起。为了把棺材

① [法]西蒙娜·德·波伏瓦:《萨特传》(《永别的仪式·同让-保尔·萨特的谈话》),黄忠晶译,百花洲文艺出版社 1996 年版,第 142 页。
② [法]西蒙娜·德·波伏瓦:《萨特传》(《永别的仪式·同让-保尔·萨特的谈话》),黄忠晶译,百花洲文艺出版社 1996 年版,第 143 页。
③ [法]西蒙娜·德·波伏瓦:《萨特传》(《永别的仪式·同让-保尔·萨特的谈话》),黄忠晶译,百花洲文艺出版社 1996 年版,第 143 页。

从灵车上卸下来，还不得不疏散群众。如此壮观的送葬场面，在法国作家雨果以后绝无仅有。"这确实是萨特希望的葬礼，但他不可能知道它了。"①没有任何发言，没有任何仪式，他们把棺材放到墓地中。有人找来一张椅子让被人群挤得快眩晕的波伏瓦坐在上面，最后生离死别的几分钟静默，在墓穴周围凝固。波伏瓦悲痛地回忆那一幕："我的沉默没有把我们分开。他的死却把我们分开了。我的死也不会使我们重新在一起，事情就是这样：我们曾经这样融洽长久地生活在一起，这本身就是一件美满的事情。"②

撇开萨特逝世后各种热烈的反响，撇开官方或非官方的、正式的或非正式的对萨特的悼念与追忆，这其中，有赞赏也有批判，有褒扬也有抨击，然而仅仅是"这最后时刻体现出来的似真若假的民意表明，萨特实现了独一无二的功绩。因为不断自我否定，与自我作斗争，自我拒绝最小的自尊，他成功地作为人而消隐，而且完全成了所有其他的人。人们比拟的那个人，不管是在钦佩中，还是在仇恨里，因为人们在自我身上看到了他的影子。我们不是萨特的孩子：我们都或多或少是萨特，因为他普适的独特性在我们身上回响。即便是以想象的方式，每个人都可以在自我身上解读他的苛求、他的华彩、他的拒绝、他的坚持……在他的行动中、思想里、感情内，都蕴含着双重性。整个一生，他看似失去，实则赢取……失去：他自己，言说'我'的能力，当下。赢取：整个作品，同时代人的爱戴，永垂不朽"③。

这就是萨特："一个完整的人，他由一切人所构成，又顶得上一切人，而且任何人都可以与他相提并论"④。

①　[法]西蒙娜·德·波伏瓦：《萨特传》(《永别的仪式·同让-保尔·萨特的谈话》)，黄忠晶译，百花洲文艺出版社1996年版，第145页。
②　[法]西蒙娜·德·波伏瓦：《萨特传》(《永别的仪式·同让-保尔·萨特的谈话》)，黄忠晶译，百花洲文艺出版社1996年版，第146页。
③　[法]德尼斯·贝尔多勒：《萨特传》，龙云译，人民文学出版社2013年版，第544页。
④　[法]萨特：《词语》，潘培庆译，读书·生活·新知三联书店1989年版，第183页。

二、萨特及其哲学的地位

法国近代自由哲学传统由笛卡尔开启,在 20 世纪,中经柏格森,后至萨特达至巅峰。正如当代美国著名的法国哲学史专家加里·古廷教授所说:"对作为具体的、活生生的现实的个人自由的关注比任何其他东西都更加维护了整整一个世纪法国哲学的特色。"[①]萨特是"最卓越的自由哲学家……这不仅仅是因为他对自由的现象学描述和本体论阐释的无与伦比的详细和精妙,而且是因为他为把自由植入社会和历史的现实中所做出的持续不断的斗争。正是因为萨特把关于自由的思想带到了巅峰,因此他仍然是 20 世纪法国的核心哲学家……"[②]

结构主义把结构本体化,主张除非承认人的结构(社会的和心理的)对于意识来说是不可触及的,现象学就不可避免地要沦为观念论。这实质上是对自由哲学的前提——意识自由至上的挑战。后结构主义对现象学的意识的特权角色提出了更强大的挑战,它坚持主体被社会和语言结构所支配,他们抛弃了存在主义现象学用以解释自由的哲学工具,对它的描述和本体论的方法以及意识的中心范畴提出质疑。但是,正是这一舍弃本身表达了他们对个人自由的信奉。例如,福柯的考古学和系谱学明确地要把我们从特定的概念和社会结构中解放出来,而德里达和其他差异哲学解构了主体、同一性、男性的自我,也是为了把我们从中解放出来,从而获得自由。德里达和利奥塔所寻求的公正与德勒兹和伊利格瑞的伦理以及政治目的一样,产生于对个人自由的前哲学的信仰。[③]

---

① Gary Gutting, *French Philosophy in the Twentieth Century*, Cambridge ：Cambridge University Press, 2001, p. 380.

② Gary Gutting, *French Philosophy in the Twentieth Century*, Cambridge ：Cambridge University Press, 2001, p. 387.

③ 参见 Gary Gutting, *French Philosophy in the Twentieth Century*, Cambridge ：Cambridge University Press, 2001, pp. 387 - 390.

20世纪中叶,结构主义者对萨特的不公正对待和对自由哲学的抛弃,已逐渐被当代更多的学者认识到了,他们纷纷站出来为萨特及其在现代法国哲学史上的地位作出辩护,如克里斯蒂娜·豪厄尔斯(Christina Howells)义愤填膺地把结构主义者对萨特与其自由哲学的抛弃斥责为一种"哲学上的弑父"①。2000年,贝尔纳·亨利·列维将其新出版的专著题名为《萨特的世纪》,其中有一章标题是"公平地对待萨特"。他为结构主义者、后结构主义者福柯、拉康和德勒兹等对萨特及其思想的攻击鸣不平,指出他们实际上都在哲学上亏欠萨特,"这个世纪之所以是德勒兹的世纪,是因为开始时是萨特的世纪。在这一点上,现代主体的瓦解及人道主义信念潮流的瓦解仍然是由萨特开了先河"②。

对萨特及其自由哲学在当代法国思想史中的地位与意义,加里·古廷显得更为乐观,他认为虽然后结构主义对发展自由哲学没有什么兴趣,"他们仍然满足于幼稚地、前反思地对作为绝对的理想(ideals)的侵犯、新颖性、多样性和差异性的无可争辩地位的信仰",但如果说他们的批判是有意义的,那也是因为"这里仍然存在把个人表述为自由的一个起点(locus)的20世纪的基本谋划。最近法国思想向康德和列维纳斯的道德哲学回归是恢复这一表述的谋划的一个努力。以这种追溯的方式,当前法国的自由哲学家们还能够富有成果地恢复——正如某些哲学家已经开始恢复——对柏格森和萨特的兴趣"③。

三、萨特自由哲学的意义

萨特的一生是追求自由的一生。从其最著名也是最重要的哲学代表作《存在与虚无》对自由的详尽的现象学描述和本体论的精妙阐

---

① Christina Howells, *Sartre: The Necessity of Freedom*, New York: Cambridge University Press, 2009, p. 201.

② [法]贝尔纳·亨利·列维:《萨特的世纪》,闫素伟译,商务印书馆2005年版,第315页。

③ 参见 Gary Gutting, *French Philosophy in the Twentieth Century*, Cambridge: Cambridge University Press, 2001, pp. 389 – 390。

释,到其后期的《辩证理性批判》对自由在社会政治、人类历史中如何被异化的批判;从其戏剧《禁闭》对人与人之间相互争夺自由的"他人之地狱"的生动刻画,到其《自由之路》和《圣·热内:戏剧演员与受难者》①等小说对个人为挣脱现实生活中的各种枷锁而做出的种种抗争与努力的形象描绘,再到其在社会政治实践中公开支持法国人民阵线,声援保卫西班牙共和国的为争取自由与独立的斗争到反对纳粹主义,支持阿尔及利亚、印度支那人民为自由正义而战:这些都充分体现了他作为"20世纪知识分子的良心"对人的自由的持续关注和真诚守护。正如萨特自己在日记里所写的那样,"我的人生与我的哲学是同一的"。他确实一生都坚定地恪守了这条原则。

托马斯·布什(Thomas W. Busch)认为人的自由既是萨特哲学的"起点",又是萨特哲学的"终点"②。珍妮特·科伦坡(Jeannette Colombel)则认为"对自由的重新确认是萨特思想的基础"③。毫无疑问,"自由"是萨特思想确定无疑的焦点,也是他作为思想家最伟大的成就,更是其笔耕不辍的一生中最重要的主题。英国当代哲学家萨拉·贝克韦尔指出:"他(萨特)写作中最重要的内容,是一个十分宏大的主题:获得自由意味着什么。"④作为思想家的萨特除了是哲学家之外,还有多

---

① Sartre, *Saint Genet: Actor and Martyr*, Trans. Bernard Frechtman, New York: George Braziller Inc., 1963.萨特在一篇访谈中谈到《圣·热内:戏剧演员与受难者》时说:"这个同性恋儿童,他受年轻的鸡奸者的殴打、强奸和压服,被他周围的流氓像玩物一样对待,他还是变成了作家热内……热内的改造真正是由于他运用了自由。它通过给世界另一种价值观而改造了世界。这确实是自由,它除了是这种转换的原因外什么都不是。正是自己选择着的自由本身构成了这种改造。"(参见[法]西蒙娜·德·波伏瓦《永别的仪式·同让-保尔·萨特的谈话》,黄忠晶译,百花洲文艺出版社1996年版,第411页)尚杰教授认为这是一部"充满智慧的哲学著作"(参见尚杰《法国当代哲学论纲》,同济大学出版社2008年版,第28页)。可惜迄今仍无此书的中文版。

② Thomas W. Busch, "Sartre: The Phenomenological Reduction and Human Relationship," *Journal of the British Society for Phenomenology* 6, No. 1, January 1975, p. 55.

③ Jeannette Colomble, *Jean-Paul Sartre, Un homme ensituations*, Paris: Le livre de poche, 1985, p. 19.

④ [英]萨拉·贝克韦尔:《存在主义咖啡馆:自由、存在和杏子鸡尾酒》,沈敏一译,北京联合出版公司2017年版,第14页。

重身份,他写过许多戏剧和小说,还有各种期刊文章、自传和为他人所写的传记作品,所有的这些著作文章之中都饱含其对"自由"坚持不懈追寻的热忱。

这种热忱来源于萨特对所处时代的深刻反思。萨特所处的时代是第二次世界大战后满目疮痍、人心惶惶的年代。在欧洲"上帝已死"后,人们刚刚建立起的对自身理性的坚定信念开始动摇,战争暴露出人性的残忍与暴虐的非理性的一面,让人们对"存在一种固定不变的人类本性"的哲学表示深深的怀疑,使得人们意识到了自己和自己的那些人类同胞完全有可能会偏离文明与规范。人们急需一种哲学,以让他们重拾对人类的信心,重建自身心灵与社会秩序。在萨特看来,只有自由才能把人的存在与其他存在区分开来,才能真正彰显人的尊严与价值。萨特提出了他那个时代亟须解决的最大的问题:"鉴于我们都是自由的,那么在这样一个充满挑战的时代,我们该如何运用好我们的自由?"①但是,随着存在主义的日渐式微和萨特个人影响的衰落,再加上 20 世纪五十、六十年代各种伟大的解放运动——在民权运动、殖民地独立解放、妇女平等和同性恋权益等方面取得了巨大的成就,人们对自由的渴望与兴趣也似乎在逐渐减弱。在 1999 年的一个电视访谈上,法国学者米歇尔·龚达回顾了 20 世纪 60 年代的萨特,认为萨特给予了他们那一代人"一种指引我们人生的自由意识",但他又马上补充道,这个话题很少有人再有兴趣了。②

在过去的一个世纪中,随着医学与生物学方面科学研究的突飞猛进,人们对人脑与人体化学日益精深的探索,这些学科从不同的角度追问:人是什么? 人的本性是什么? 我们如果受制于神经元和荷尔

---

① [英]萨拉·贝克韦尔:《存在主义咖啡馆:自由、存在和杏子鸡尾酒》,沈敏一译,北京联合出版公司 2017 年版,第 20 页。
② 转引自[英]萨拉·贝克韦尔《存在主义咖啡馆:自由、存在和杏子鸡尾酒》,沈敏一译,北京联合出版公司 2017 年版,第 44 页。

蒙,那么如何仍然能够确认我们是自由的? 是什么把人与其他动物区分开来? 我们该如何思考人类自身? 特别是近二十多年来,随着计算机的发明和信息科学日新月异的进展,电脑对人脑在某些方面的"胜出一筹",甚至机器人替代人做某些工作,使得人们似乎获得了一种前所未有的解放与自由,然而这是一把双刃剑,计算机网络与信息的发展也对我们的私人空间与自由提出了挑战:数据与监控摄像头无所不在,个人的隐私如何保障? 在大数据的背景下,私人信息如何得到安全保护? 随着计算机科学的发展,近几年来智能手机的普及和手机支付的便利,再加上无孔不入的商业广告,进一步加剧了消费主义的盛行,使得人们很容易受到各种各样的诱惑,陷入被物所役的境地,从而迷失自我、丧失自由。因此,重温萨特乃至整个存在主义哲学有着重要的理论与现实意义,他们的哲学并没有过时,他们关注和讨论的问题仍然在困扰着我们。"当人们阅读萨特论自由、波伏娃论压迫的隐蔽机制、克尔凯郭尔论焦虑、加缪论反叛、海德格尔论技术,或者梅洛-庞蒂论认知科学时,有时会觉得好像是在读最近的新闻。他们的哲学仍然很有价值,不是因为它们是对的或者错的,而是因为它们关注的是人生,因为它们挑战的是人类最重要的两个问题:我们是谁? 和我们该怎么做?"[1]

对萨特自由思想的研究,通常有两种方式。一种是按照萨特著作写作的时间顺序,分别阐述萨特不同时期著作中关于自由问题的思考,并试图追寻萨特自由思想演变的脉络。如克里斯蒂娜·豪厄尔斯在《自由的必然性》一书中,通过逐一解读萨特各个时期的著作,得出结论:"早期萨特(1950年前)主要关注个体、个体的处境和人为性;晚期萨特则关注社会、'先定'、'实践惰性'"[2]。这种研究方法的依据是,萨特是一个终

---

[1] [英]萨拉·贝克韦尔:《存在主义咖啡馆:自由、存在和杏子鸡尾酒》,沈敏一译,北京联合出版公司2017年版,第44页。引文有所改动。

[2] *Sartre*,*The Necessity of Freedom* , New York:Cambridg University Press,2009,p.1.

身不断思考的思想家,他对自由的认识也随着他的思想进程、时代和环境的变化而不断发生改变。另一种方法则是把萨特的自由思想作为一个整体来把握,虽然萨特的思想确实发生了转变,但对自由的关注与对自由的追求始终是萨特哲学的基础,因此,萨特任何时期的著作都是其自由观的一个侧面,理解萨特的自由理论就是尽可能地将这些侧面全部展现出来,如大卫·德特姆(David Detme)的《作为一种价值的自由》。

我们认为,萨特早期的自由本体论与伦理学是其后来思想的基础,对于他的中后期思想起着一个理论奠基的作用,萨特的思想具有连续性,他后来只是修正并完善了早期思想,并没有思想上的"改宗"或"断裂"。正如萨特自己所说的,在《存在与虚无》与《辩证理性批判》之间没有一个"认识论上的断裂"[1],而他对自己的三种伦理思想之间的关系也做出了很好的解释:所有的关于道德问题的思考是一个整体,后来的修正与转变也是立足早期伦理思想,并且保留了早期著作中的重要内容,因此后期伦理思想是前期的"丰富(enrichment)"[2]。因此,研究萨特具有深刻内涵的早期自由思想,对于深化研究其全部哲学伦理学体系,把握法国哲学自由传统的精神特质,都具有重要意义。

自由问题虽然不仅仅是伦理学的问题,但至少是伦理学与实践哲学必须关注的重要问题。而萨特终其一生并没有真正写作过一部完整的伦理学著作。[3] 他曾在《存在与虚无》的最后许诺接下来要写一部伦理学著作,但他最终未能兑现此承诺,其中的原因较为复杂。梅洛-庞蒂曾批

---

[1] Sartre, *An Interview With Jean-Paul Sartre*, translated from the Dutch by George Berger, in *Jean-Paul Sartre: Contemporary Approaches to His Philosophy*, ed. Hugh J. Silverman and Frederick A. Elliston, Pittsburgh: Duquesne University Press, 1980, p. 225.

[2] 参见 Sartre, *Sartre by Himself*, Trans. R. Seaver, New York: Urizen Books, 1978, pp. 57－80。

[3] 萨特身后出版的《伦理学笔记》只是他对道德问题思考的零散笔记,不成体系,并且也不完整,一共有 10 本笔记,最后只有 2 本由其养女整理出版。参见 Sartre, *Notebooks for an Ethics*, Trans. David Pellauer, Chicago: University of Chicago Press, 1992。

评萨特:这种不可能的伦理学,是因为他不能以其他方式来思考别人,除了把别人当成事物,在其他各种情况下,他都倾向于把与别人的相遇当成是陷于存在而不能自拔——这是最好的情况下,而在最坏的情况下,则当成是本体论的灾难。对萨特伦理学的这种质疑让萨特的传记作者贝尔纳·亨利·列维也深感失望,甚至认为这是萨特思想的"一个大的失败"①。但也有学者认为萨特一生虽然没有就道德问题做出过专门的著述,但"在他(萨特)的一生和他的作品中,道德已然是他的首要关注"②。加里·古廷也认为:"他的所有著作,无论是哲学著作还是文学著作,即使没有一个包罗万象的伦理观,也确立了作为道德价值的自由的中心地位。"③

萨特有没有伦理学,其伦理学究竟是何种意义上的伦理学,迄今为止,在国内外学界仍是争讼不已、尚无定论的问题。毕竟萨特没有专门的、系统的关于道德问题的著述,所有对萨特伦理思想的阐释都只是一种"萨特式的伦理",因此有学者认为研究萨特伦理思想是一种"冒险的探索"。当然这并不意味着这种"探索"没有意义。

萨特哲学体系的理论基石、核心思想是"自由论",其形而上学、认识论、辩证法、伦理与政治思想等,都与其"自由论"密切相关。然而,萨特的自由思想并非一成不变,它有其来源、形成、发展、完善的过程。尤其是在《伦理学笔记》中关于自由问题的伦理思想与其意识自由的本体论相比有较大的变化,涉及的方面主要包括:对《存在与虚无》中的"绝对自由论"展开自我批评并进行修缮性的"进化";提出"开放自我,向他者转化"的思想来打造其现象学伦理学;修改以"绝对自由"为核心的自由理论,运用现象学伦理上的"转化"建构本真性伦理。

---

① 参见[法]贝尔纳·亨利·列维:《萨特的世纪》,闫素伟译,商务印书馆 2005 年版,第 792 页。
② Paul Crittenden, *Sartre in Search of an Ethics*, Cambridge:Cambridge Scholars Publishing, 2009,p. 1.
③ Gary Gutting, *French Philosophy in the Twentieth Century*, Cambridge ：Cambridge University Press,2001,p. 387.

　　对萨特伦理思想的研究分为两个阶段。一是萨特去世之前，由于萨特的一些著作未完成或未出版①，对萨特的本体论能否导出一种融贯一致的伦理学，存在着不同的，甚至是截然相反的观点。一部分人对萨特在《存在与虚无》中主张的主体绝对自由和人与人关系本体论上的冲突性持批评态度，主要代表人物有梅洛-庞蒂、P.卡瓦斯·阿朗松（P. Caws R. Aronson）等，如梅洛-庞蒂在《辩证法的历险》中指责萨特哲学不可能导引出伦理上的交互主体性，他认为"（萨特的）他者只能作为纯粹的否定性……在萨特那里存在着主体的多元性，不存在主体间性"②。还有部分批评者认为，萨特拒绝所有的客观价值不可避免地会导致道德主观主义、相对主义，最后走向虚无主义。③

　　另一部分学者对萨特的伦理学则持辩护的态度，主要以西蒙娜·德·波伏瓦、弗朗西斯·让松（Francis Jeanson）等为代表，他们认为对萨特持批评态度的人，是因为他们把萨特的意识哲学误解为主体哲学，这种哲学必然导致主体间的冲突，因此不能导出有普遍规范意义的道德观。针对梅洛-庞蒂在《辩证法的历险》中对萨特的攻击，波伏瓦写作了《梅洛-庞蒂与伪萨特学说》，为萨特的立场辩护："萨特的哲学从来不曾是一种关于主体的哲学……对于萨特而言，意识是面对自我的纯粹在

① 萨特身后出版了6部著作，其中包含他对道德问题的思考的著作有：1.《战地日记》，写于1939年至1940年，这是他在二战期间酝酿写作《存在与虚无》的一些笔记，1983年在法国巴黎出版，1984年在美国纽约首发英文版。2.《伦理学笔记》，写于1947年至1948年，这是他准备兑现写作伦理学著作承诺所做的准备，他写了10本笔记，可惜最后只剩下2本，由其养女整理并于1983年在巴黎出版，1992年在美国芝加哥首发英文版。3.《真理与实存》，写于1948年，这是他谈论认识论问题的一本重要著作，其中也探讨了信仰的伦理问题，1989年在巴黎出版，1992年在芝加哥首发英文版。

② 转引自［法］贝尔纳·亨利·列维《萨特的世纪》，闫素伟译，商务印书馆2005年版，第792页。

③ 持此类观点的代表性人物及其文章参见 Caws Sartre and M. Warnock, *Existentialist Ethics* (London, 1967)；Frondizi H. Veatch, *Sartre's Early Ethics: A Critique, in The Philosophy of Jean-Paul Sartre*, ed. by P. Schilpp (LaSalle, Illinois, 1981)；H. Spiegelberg, *Sartre's Last Word on Ethics in Phenomenological Perspective*, Research in *Phenomenology* 11 (1981)；R. Frondizi, *Sartre's Early Ethics: An Ontology of Morals* (*Evanston, Illinois*, 1971)。

场,意识并非主体"①。波伏瓦认为:"要是一个人把毫无希望的欲求变成存在的一种假设的话,他可以以《存在与虚无》为基础建立一种道德观。"② 1945 年,为驳斥人们把萨特的存在主义等同为"虚无主义",她写作了《模棱两可的伦理学》一书,指出在萨特自由本体论的基础上可以建构"一种模棱两可的伦理学"。③ 1947 年,萨特的学生弗朗西斯·让松更为详细地在萨特早期存在主义著作(除了《存在与虚无》,还包括《想象》《影象论》等哲学著作)的基础之上,阐明了萨特的存在主义道德观,萨特肯定了让松的论述,并亲笔为之作序。④倘若说波伏瓦与弗朗西斯·让松为萨特伦理学辩护的立场,多少带有某些对萨特的个人情感色彩,那么以美国马凯特大学哲学教授托马斯·安德森(Thomas C. Anderson)为代表的萨特伦理思想的研究者则秉持着忠实和客观地理解萨特的理念来开展对萨特伦理思想的研究,较好地分析和阐释了萨特奠基在意识本体论基础上的伦理思想。⑤ 1980 年萨特逝世后,随着他的相关著作相继问世,研究萨特伦理思想的成果越来越丰富和深入。

1986 年,大卫·德特姆在研究了萨特身后出版的著作的基础上,出版了《作为一种价值的自由》(*Freedom as a Value*),运用分析哲学的方法批判性地考察了萨特思想中的自由概念,为以自由作为最高价值的萨特哲学的合理性和一致性做出了有效的辩护。⑥

1989 年,琳达·贝尔(Linda A. Bell)在《萨特的本真性伦理学》

---

① [法]西蒙娜·德·波伏瓦:《要焚烧萨德吗》,周莽译,上海译文出版社 2012 年版,第 91 页。
② [法]西蒙·波娃:《时势的力量——西蒙·波娃回忆录》,陈际阳等译,江苏文艺出版社 1992 年版,第 82 页。
③ 参见 Simone de Beauvoir, *The Ethics of Ambiguity*, Trans. Bernard Frechtman, Secaucus, NJ: Citadel Press,1948。
④ Francis Jeanson,*Sartre and the Problem of Morality*, Bloomington: Indiana University Press,1980 .
⑤ Thomas C. Anderson , *The Foundation and Structure of Sartrean Ethics*,Lawrence: The Regents Press of Kansas,1979.
⑥ David Detmer,*Freedom as a Value*, LaSalle, Illinois: Open Court,1988.

(Sartre's Ethics of Authenticity)一书中,针对萨特伦理学的不可能性与不一致性的批评,以萨特的所有相关文本为基础,考察了萨特不同时期对道德问题的思考,提出"本真性"作为萨特伦理思想的核心概念可以使其伦理学融贯一致的观点。①

1993 年,托马斯·安德森在修正其第一本萨特研究专著的基础上,补充考察了萨特身后出版的著作,写作了《萨特的两种伦理》(Sartre's Two Ethics)一书。他根据萨特的自述和自己对萨特伦理的概括总结,把萨特伦理思想的发展分为三个阶段。第一阶段他称之为"本真性"伦理,主要体现在《存在与虚无》和在萨特去世后才出版的《伦理学笔记》中阐述的人只有放弃谋划成为"自在自为"(即"上帝")的完满存在以追求自由才能获得本真存在的伦理思想。萨特的第二阶段伦理思想体现在《辩证理性批判》、研究福楼拜的《家庭白痴》以及萨特 1964 年关于道德问题的讲稿(即《罗马讲稿》)中,是一种以追求"完整的人性"为目的的伦理思想。最后一类伦理思想的主题为"希望的伦理学",它主要基于1976 至 1980 年间萨特与其助手贝尼·列维的访谈录。在此书中,他着重阐述与分析了萨特前两种伦理的形成、发展和演变的思想历程。②

2000 年,林森巴德·盖尔·伊夫林(Linsenbard Gail Evelyn)出版了《让-保罗·萨特身后出版的〈伦理学笔记〉研究》,考察了萨特在《伦理学笔记》一书中对道德问题的反思,分析了其中几个关键性的概念,最后得出结论:萨特没有形成自己的在传统意义上的伦理学理论,但萨特在此笔记中对道德问题的思考对当代伦理学仍有一定的启示性的价值与意义。③

2005 年,郑一伟(Yiwei Zheng)在《萨特早期哲学中的本体论和伦理

---

① Linda A. Bell, *Sartre's Ethics of Authenticity*, Tuscaloosa: University of Alabama Press, 1989.

② Thomas C. Anderson , *Sartre's Two Ethics*, Chicago: Open Court, 1993.

③ Gail Evelyn Linsenbard, *An Investigation of Jean-Paul Sartre's Posthumously Published Notebooks for an Ethics*, Lewiston, NY: Edwin Mellen Press, 2000.

学》一书中,质疑了几位有权威性的萨特研究者比如托马斯·安德森和大卫·德特姆等学者的观点,他认为并不是托马斯·安德森所认为的萨特主张放弃成为"上帝"的谋划才能转向"本真性的存在",事实上谋划成为"上帝"与自由谋划可以并行不悖,而大卫·德特姆试图用实践上的自由和本体论上的自由来解决萨特自由概念的矛盾是行不通的,他提出把可实现的(真正的)谋划和不可实现的谋划区别开来才能真正理解萨特的"自由选择"的概念。他还运用分析哲学的方法分别考察了"自欺""纯粹反思""本真"等萨特的重要哲学伦理学概念的不同意蕴,提出萨特试图在其本体论的基础上建构伦理学,但是萨特的努力是失败的,最后他认为萨特的伦理学是不能从其本体论中导引出来的。①

相比较而言,在国内的萨特伦理思想研究中,整体局面还是较为冷清的。研究较为全面的作品仅有万俊人先生二十多年前以其硕士学位论文为基础出版的《萨特伦理思想研究》这一本,在此书中,他以"萨特自由主体伦理思想"为主线,对萨特伦理思想做了较为全面的总结和分析,并站在马克思主义立场上对其进行了公允又不失深刻的批判。但遗憾的是当时《伦理学笔记》刚在法国出版不过数年,距离英译本的出现也尚有九年之久,万俊人先生未及采纳其中的思想。②

近年来则主要有纪如曼女士的数篇关于萨特伦理思想研究的论文,在《萨特伦理学基本框架研究》一文中她简要介绍了萨特的《伦理学笔记》一书,并给予了高度的评价。③然而,迄今为止,萨特的《伦理学笔记》尚未被译为中文,且鲜有人对此文本给予应有的重视和关注,更谈不上系而深入的研究了。事实上,萨特的《伦理学笔记》一书在国外受到学界的普遍承认,此文本于1983年在法国本土出版,1993年英文版在美

---

① Yiwei Zheng, *Ontology and Ethics in Sartre's Early Philosophy*, Lanham, MD: Lexington Books, 2005.
② 参见万俊人《萨特伦理思想研究》,北京大学出版社1988年版。
③ 纪如曼:《萨特伦理学基本框架研究》,载《当代国外马克思主义评论》,2008年年刊。

国芝加哥大学出版社出版,除此之外,现已被译为其他多种语言出版。2008 年该书的相关内容在法国已经成为高考文科试题,其重要性可窥一斑。

综上所述,学者们关于萨特早期伦理思想的研究和独到见解富有启发性,能帮助人们加深对萨特自由哲学的理解。他们各种观点的交锋也表明研究萨特早期伦理思想具有深刻意义,值得进一步深入探索。将萨特的早期"自由论"作为一个对象,从现象学、伦理学的视角予以完整、系统的研究,这在学界尚为薄弱,拙著希望在此方面有所贡献。但由于笔者学力不逮,占有资料有限,无力做萨特伦理思想全面的概括总结与详尽的分析阐释,只希望先做一些较基础的、主题较集中的研究。因此,拙著仅限于萨特的早期哲学著作①,研究萨特的早期自由理论,试图阐明萨特自由思想的根基、限度与他为突破其限度所做出的努力,这对于深刻理解与全面把握其伦理学思想有着基础性的意义。

---

① 早期萨特哲学指其转向马克思主义之前的存在主义哲学,主要著作有《自我的超越性》《情绪理论纲要》《想象》《存在与虚无》《伦理学笔记》。

上篇 自由的现象学奠基

　　萨特的早期自由理论有深厚的哲学基础,这首先表现在萨特通过现象学方法为其自由理论奠定了坚实的基础。这一章我们通过分析萨特现象学的来源与其对胡塞尔现象学的改造,以及这种改造对其早期哲学思想形成的意义,来阐释其现象学是如何为其自由思想奠基的。

第一节　现象学:在胡塞尔与海德格尔之间

　　发端于19世纪末到20世纪初的德国现象学,有人称其为现象学运动,也有人称之为哲学方法,其兴起的标志是胡塞尔1900年《逻辑研究》的出版。胡塞尔试图为一切科学寻找可靠的基础,并建立与传统哲学截然迥异的现象学。胡塞尔用现象学还原的方法来确定哲学的起点,以确保其哲学的"科学性"。所谓现象学还原也就是"加括弧",即停止判断,把客观的、自然的世界用括弧括起来,暂时对这个自然世界是否存在以及是什么这一问题采取存疑的态度,把这一问题"悬搁"起来,专注于构成这一世界之基础的先验主体。胡塞尔提出"回到事物本身"这一著名的口号,他所说的"事物"是直接显现于纯粹意识中的"现象"。他反对本质与现象二元对立的思维方式,不承认在现象背后还有什么本质之类的东西,"现象"就是"事物自身"。胡塞尔提出要"回到事物本身"只有通过一种"双重返回":一是从"先与的客观世界(the pregiven and objective world)"回到"本源的生活世界(the original life-world)";二是通过生活世界达到构成生活世界和客观世界的先验主体。胡塞尔的生活世界是与形式化了的"死"的客观世界相对的"活"的主体世界,是理念的世界,他认为只有理念的世界才是真正绝对而自由的活的世界。在这个世界中,存在(现象)与本质、内容与形式、直觉与理知才可能而且必然同一。而达到这种同一性的过程就是最为基本的"生活",最为基本的"体验",具有一种直接性。胡塞尔哲学的出发点是作为"先验主体"的人,这种独立主体之间的关系问题,他称之为"主体间性"问题。为避免陷入"唯我论",胡塞尔在晚期作品中提出以"身体"为媒介,企图通过"同感(empathy)"来解决自我与他者的问题。①

现象学肇始于胡塞尔,但在法国影响最大的现象学家是胡塞尔的学生海德格尔。海德格尔在《存在与时间》一书中对传统的形而上学做了更进一步的批判,他认为胡塞尔虽然在反主客对立二元论上做出了贡献,但胡塞尔以先验主体作为其哲学的起点,遵循的原则仍是主体性的。海德格尔认为传统形而上学的关键问题在于只关心"存在者",而不追问"存在"本身,这是"存在的遗忘"②,而能追问"存在"本身的只有人。海德格尔称"人"的存在为"Dasein",不是一般的存在"Sein",人的存在是"在世界之中"的,也就是不把"世界"当成对象,而是与世界浑然一体的一种存在。这种人(Dasein)是"在世的人",是体验于世界之中,与世界同在的。如果说胡塞尔重在关注人的内在性,围绕自我意识内向地追问人自身存在的根据,那么海德格尔则关注人的生存性,强调人是在世界的处境中存在的,试图为人及其生存寻求当下根据。海德格尔认为人所存在

① 参见倪梁康《现象学及其效应》,读书·生活·新知三联书店 1994 版,第 139—152 页。
② [美]瓦尔特·考夫曼:《存在主义——从陀思妥耶夫斯基到沙特》,商务印书馆 1987 年版,第 217 页。

的处境之中就有他者存在,自我与他者是一种"共在"关系。如果说胡塞尔视域中的人是"没有窗户的单子",那么海德格尔视野中的人(Dasein)就是"处境中的人"。

海德格尔这种关于人是处境中的存在的思想对包括萨特在内的许多法国存在主义哲学家都有不同程度的影响,这与法国哲学家更注重具体而非抽象的精神气质是吻合的。萨特深受现象学的影响,他的哲学既显现了胡塞尔的纯粹意识理论的痕迹,又烙上了海德格尔存在论的印记。

萨特最早接触现象学是在 1932 年,他通过巴黎高师的老同学雷蒙·阿隆了解了这一学派。当时阿隆正在柏林法兰西学院学习胡塞尔现象学。在此之前,虽然胡塞尔曾于 1929 年在巴黎大学开设过现象学讲座,但萨特没有参加,所以对德国现象学几乎一无所知。1933 年夏,回到巴黎的阿隆与萨特和波伏瓦一起吃饭时,指着鸡尾酒杯说:"老伙计,你是一个现象学家的话,你就能谈这鸡尾酒,就能从这酒中搞出哲学来。"据波伏瓦的回忆录描述,萨特当时就激动不已,大有相见恨晚之感,因为这是他梦寐以求的哲学——按照自己的所见所闻得到的感觉来描述事物并从中抽象出来的哲学。当晚他就买了列维纳斯写的一本介绍胡塞尔的书①如饥似渴地翻看起来。波伏瓦解释说:"现象学……正好适合于帮助他(萨特)解决长期困扰他的问题:超越观念论和实在论的对立,既保持意识的最高地位,又保证世界的呈现,如它给予我们的那样的呈现。"②而萨特本人在 1970 年的一段访谈中,也清楚地解释了他早期青睐现象学的缘由:"我关心的是……为实在论提供一个哲学基础……问

---

① 列维纳斯是向法国思想界推介现象学的先驱之一。1930 年,他与佩费翻译出版了胡塞尔的《笛卡尔的沉思》,同年发表了主要研究胡塞尔《观念 I》的专著《胡塞尔现象学中的直观理论》一书,萨特买的就是此书。参见孙小玲《从绝对自我到绝对他者》,上海人民出版社 2009 年版,第 174 页。

② Simone de Beauvoir, *La Force de l'âge*, Paris: Gallimard 1982, p. 157. 也可参见[法]西蒙·波娃《盛年——西蒙·波娃回忆录》,陈欣章等译,江苏文艺出版社 1992 年版,第 149—150 页。(上面的译文我根据法文版做了修改)

题是:如何将人类的自主性赋予他们,同时又赋予他们在现实世界对象中的实在性,并避免观念论,而又不落入机械唯物主义?"①美国著名哲学史专家赫伯特·施皮格伯格在他的名著《现象学运动》一书中把萨特哲学的主要论题总结为"自由与存在",他认为这也是萨特在自己的著作《圣·热内》的最后一段文字中所表达的哲学追求的基本目标:"把客体与主体调和起来。"②因此,正是现象学切合了萨特的这种要求,他抛弃了当时法国学术界盛行的布伦茨威格的新康德主义和柏格森的生命哲学,义无反顾地走上了他的现象学之路。

1933 年 10 月到 1934 年秋,萨特在阿隆的引荐下到柏林法国文化中心担任为期一年的研究员。在柏林的一年时间中,他把大部分时光都给了胡塞尔,非常认真地阅读了 1913 年出版的胡塞尔名著《纯粹现象学和现象学哲学的观念》等书。"对于我这种较慢的人来说,一年时间,也足够阅读《观念》一书"③。

据萨特身后出版的写于 1939 年 11 月至 1940 年 3 月的《战地日记》记载,他后来还读了当时胡塞尔已出版的《逻辑研究》《形式逻辑与超越论逻辑》《笛卡尔的沉思》等著作,甚至称自己很长时间以来都是一个"胡塞尔主义者"。最初海德格尔对他的吸引力比胡塞尔大,但他在开始阅读《形而上学是什么?》和《存在与时间》不久后,很快就察觉到"只能在穷究(exhaust)胡塞尔之后才能转往海德格尔。对我来说,穷究一位哲学家,就是在他的视域内进行反思,依凭他来建立自己的想法,直至我陷入死胡同,我花了四年的时间来穷尽胡塞尔"④。这意味着萨特曾按照胡塞尔现象学的引导来思考哲学问题,但他并不满足于只是做一个忠实的胡塞尔现象学的阐释者,而是抱着批判的态度来阅读胡塞

① Sartre, *Situation*, IX, *M'elanges*, Paris: Gallimard 1987, p. 104.
② [美]赫伯特·施皮格伯格:《现象学运动》,王炳文等译,商务印书馆 2011 年版,第 638 页。
③ [法]德尼斯·贝尔多勒:《萨特传》,龙云译,人民文学出版社 2013 年版,第 143—144 页。
④ Sartre, *War Diaries*: *Notebooks from a Phony War*, Trans. Q. Hoare, London: Verso, 1999, pp. 183 – 184.

尔,甚至是运用胡塞尔来解答他心目中的哲学问题。事实上,他也是这么做的。因此,有学者认为,萨特对胡塞尔的接受只是"方法上的推动(methodological thrust)",而非"教义细节上的(doctrinal detail)"。①

在"穷究"了胡塞尔四年之后,萨特又转回了海德格尔,这有两方面的原因。一方面是由于当时法国混乱的战败的社会背景,让萨特和他的同时代知识分子渴望离开被动沉思式的哲学,进而转向主动介入的哲学。萨特在《战地日记》中解释了在战时的不安和不确定的社会氛围中,海德格尔哲学对他和他同时代人所具有的吸引力,"1938年春天及之后的秋天的威胁渐渐使我开始寻找一种哲学,这种哲学不仅是沉思也是智慧,并具有英雄主义和神圣性……我已不理会胡塞尔,而渴望一种'情感性(pathetic)'哲学,我已经准备好了来理解海德格尔"②。正如克莱因伯格所正确评论的:"对萨特而言,转向海德格尔是为了寻找一位可以引导他从'理念'世界走向'行动(action)'世界的哲学家。"③另一方面的缘由是在哲学上胡塞尔已经不能满足萨特的需要,他说:"特别是,尽管我有关于他者认识的无数观念,但只有我坚定地确认我自身,才能解决两个相区别的意识确实是真正知觉同一个世界的问题。胡塞尔已出版的著作不能给我答案。而且他对唯我论的驳斥既不确定又软弱无力。那么我从这种胡塞尔学说的僵局逃到海德格尔就是很理所当然的了。"④也就是说,在他人问题上,萨特认为胡塞尔的现象学给不了他帮助,所以他转向求助于海德格尔的存在论。也正是在这两个风格迥异的现象学家的影响下,萨特形成了他独具特色的现象学思想。

笔者认为,萨特对现象学方法的运用,从早期的《自我的超越性》

① 参见 Lester Embree, "The Natural-Scientific Constitutive Phenomenological Psychology of Humans in the Earliest Sartre," *Research in Phenomenology* 11 (1981): 41-60。

② Sartre, *War Diaries: Notebooks from a Phony War*, Trans. Q. Hoare, London: Verso, 1999, p. 185.

③ [美]伊森·克莱因伯格:《存在的一代》,陈颖译,新星出版社2010年版,第175页。

④ Sartre, *War Diaries: Notebooks from a Phony War*, Trans. Q. Hoare, London: Verso, 1999, p. 184.

到《情绪理论纲要》，再到后来的《存在与虚无》，都是一以贯之的。Klaus Hartman 在《萨特的本体论》一书的前言中说："在萨特思想的发展中，《存在与虚无》之前的萨特的一些现象学思想，对我们来说并不重要。"①这种观点，笔者不能接受。恰好相反，笔者认为，在萨特思想的发展中，萨特早期的现象学方法与现象学思想，在萨特哲学体系的形成过程中，起着至关重要的作用。下面笔者对早期萨特著作中的这种现象学背景加以简要叙述与分析。

1934 年，萨特在柏林学习胡塞尔哲学期间，就写作了《自我②的超越性》一书，这是萨特最早的哲学著作，它的副标题是"现象学描述概观"。在这部著作中，萨特试图运用胡塞尔现象学的意向性概念来解决主体和客体之间的矛盾。值得注意的是，此时萨特对胡塞尔的理解来自他所读的列维纳斯的《胡塞尔现象学中的直观理论》一书，而此书中的最后一部分是在列维纳斯对海德格尔越来越感兴趣之后写成的，其中"批判了胡塞尔意向性理论的唯知论与非历史性倾向，并试图从胡塞尔的现象学中引申出一种关于意识与存在的本体论"③。在此书中，萨特对胡塞尔的纯粹自我的批判非常明显地受到海德格尔存在论的影响，开篇他就亮出他关于自我的存在论观点："自我无论在形式上，还是在质料上，都不存在于意识之中，自我在意识之外，在世界之中；自我是世界的一种存在（a being），就像他者的自我一样。"④这一观点在哲学史上是具有划时代意义

---

① Klaus Hartman, *Sartre's Ontology*: *A Study of Being and Nothingness in the Light of Hegel's Logic*, Evanston: Northwestern University Press, 1966, p. xvii.

② 在萨特的文本中有两种"自我意识"："自我（ego）"意识和"自身（self）"意识。前者是将"自我"作为一个"超越对象"的反思意识，即"自我"是作为意向对象呈现于反思意识中的；后者是前反思意识，它同时又是自身意识，由于它伴随所有的意识，所有的意识因此本身就是自身意识着的。笔者根据不同语境做出不同的翻译，在需要特别区分时会在括号中附上英文或法文的原文。关于"自我（ego）"和"自身（self）"的现象学上的不同意义，可参见丹·扎哈维《主体性和自身性》，蔡文菁译，上海译文出版社 2008 年版，第 2 页注释 1。

③ 参见孙小玲《从绝对自我到绝对他者》，上海人民出版社 2009 年版，第 175 页。

④ Sartre, *The Transcendence of the Ego*, Trans. Forrest Williams, New York: Hilland Wang, 1991, p. 31.

的,正如尚杰教授对萨特此著作的评价所言:"这篇长文的含义并非像后来狭义判定的那样,是什么'存在主义'的序曲,而是在更广泛的范围之内,蕴涵了德里达、拉康、福柯与德勒兹等20世纪法国最重要哲学家们的思想倾向——胡塞尔和海德格尔的现象学是这种思想倾向的最重要来源之一。它的意义不仅在于它属于'现代与当代的法国哲学',更是哲学本身,是最正宗的古希腊哲学传统在当代法国演变史的开端之一。"①

在西方哲学史上,人开始是处在历史舞台的幕后来建构哲学。在古希腊无论是泰勒斯把具体有形的水看作存在之本源,还是巴门尼德将抽象无形的存在视为世界的根基,他们都是在人之外追寻世界的根据。但从苏格拉底的"认识自己"到中世纪奥古斯丁的"反观自省",人逐渐把观"世界"的目光转回到看"自身"。然而真正确立"自我"在哲学史上的地位的是近代法国哲学家笛卡尔,他的"我思故我在"明确把"我思"确立为哲学的阿基米德点,"自我"于是成了认识的根据,自我主体性保证知识的可靠性,从此开启了主体性哲学。虽然洛克、贝克莱和休谟都曾试图解构笛卡尔"自我"的确定性,但由于康德通过先验哲学为自我重新建基,让主体性哲学大厦根深蒂固,好像牢不可破。胡塞尔却看到了这座大厦的缝隙,即康德的"先验自我"的有限性,通过现象学还原出"纯粹自我",使得现象学似乎实现了"一切近代哲学的隐秘的憧憬",走向了"主体性的辉煌"。

而萨特一开始就看到了这种"主体性辉煌"背后的阴影,他从批判胡塞尔的"纯粹自我"开始,沿着海德格尔开创的生存哲学的道路,走向了解构主体之旅。

首先,在《自我的超越性》一书中萨特表明了他对"自我"的考察不是站在康德的批判哲学立场上,而是从胡塞尔的现象学出发的。康德的"我思"是一种可能性的条件,"批判的问题是有效性问题,康德没有说出

---

① 尚杰:《无"我"的存在主义》,载《湖南社会科学》2010年第1期。

关于'我思'是如何实存的任何东西"①。因此,要说明"我思"是如何实存的,必须用胡塞尔现象学的描述方法。但是,萨特首先用现象学方法解构的就是胡塞尔的"先验主体"。他认为胡塞尔没有将现象学的悬搁进行到底,他保留了"先验自我",这不仅不必要,而且是有害的。在萨特看来,意识的统一性和个体性不需要"先验自我"来保障,"相反,意识使得自我的统一性与个体性成为可能。先验的'我'因此没有存在的理由"②。而且"先验自我"如不被清除到意识之外,这将破坏意识的透明性,使得"现象学的成果都将付之东流"③。

其次,萨特批判了从笛卡尔到胡塞尔的主体性哲学把反思作为逻辑起点,他认为未被反思的意识才是第一性的,是透明的、绝对的、自主的。"任何反思的意识实际上在自身中都是未被反思的……意识根本不需要反思的意识以意识到自身。"④萨特认为,这既可以避免认识论上的无穷后退的问题,又可揭示意识的真正的存在方式。

最后,萨特得出三个结论:第一,从意识中清除自我,实现了先验领域的解放,因为这个经过纯化的先验领域才是绝对存在的领域。第二,自我是超越的,是与世界的其他存在一样存在于世的,我的"自我"不比他人的"自我"更加确实,因而可以驳斥"唯我论"。第三,非观念论的现象学才能成为伦理学和政治学的基础。

从这部著作看,萨特对现象学的理解是介于胡塞尔与海德格尔之间的。他所理解的意识不是胡塞尔的通过向内的"看"来规定自身的,而是向外超越,朝向世界的。清除了"先验自我"的意识是一种"虚无

---

① Sartre, *The Transcendence of the Ego*, Trans. Forrest Williams, New York: Hilland Wang, 1991, p. 31.
② Sartre, *The Transcendence of the Ego*, Trans. Forrest Williams, New York: Hilland Wang, 1991, p. 40.
③ Sartre, *The Transcendence of the Ego*, Trans. Forrest Williams, New York: Hilland Wang, 1991, p. 42.
④ Sartre, *The Transcendence of the Ego*, Trans. Forrest Williams, New York: Hilland Wang, 1991, p. 45.

(Nothing)"，它只有通过否定存在、揭示世界，它自身才能存在。而他认为自我是超越的，是"被抛向对象的世界的"，是在世界中存在的。在这里，"我们可以看到海德格尔《形而上学是什么?》的潜在影响，尤其是无(Nothingness)在萨特对胡塞尔的解释以及与胡塞尔的分歧中的重要性"①。

如果说《自我的超越性》一书只是体现了海德格尔对萨特的"潜在影响"，而萨特在 1939 年写作的《情绪理论纲要》中就将这种影响显露无遗。他在此书中首次提到海德格尔，并在导言中明确地宣称要用海德格尔的思想来补充胡塞尔的现象学。萨特首先在与胡塞尔一致的立场上指责实证心理学的不完备性，他强调建立一门纯粹的心理学科学的前提是：从现象或心理事件，而不是从心理学意义上的事实出发，通过本质直观，把心理学家隐秘地运用着的先验理解明确地用概念表述、固定下来，因此一种完备的情感理论必须以对体验和意识行为本质结构的现象学把握为前提。然后，萨特把海德格尔接受为一种为心理学提供基础的、补充性的，甚至更为根本的资源："无论如何，生存的解释学(the hermeneutic of existence)将能够为一种人类学奠基，而这种人类学将成为一切心理学的基础。这样，我们的出发点就与心理学家相反，我们从人这个综合的整体(synthetic totality)出发，并且在研究心理学之前就确定人的本质(essence of man)。"②在此书中，萨特把情绪视为意识可在非反思水平上，通过改变我们自身的方式实现世界从决定论形态向一种神奇形态的转变，因此，情绪并不是实体间因果性作用的结果，而是一种特殊的在世方式，一种有目的的应对世界的活动。显然这样一种理解是他在胡塞尔和海德格尔所开辟的现象学立场上获得的，它拒绝把情感现象的发生建立在外在物的存在、刺激与诸如灵魂固有的欲求、倾向，或本

---

① ［美］伊森·克莱因伯格：《存在的一代》，陈颖译，新星出版社 2010 年版，第 165 页。
② Sartre, *The Emotions*: *Outline of a Theory*, Trans. Bernard Frechtman, New York: Citadel Press, 1993, pp. 13 – 14.

能、性格、无意识的驱动力机制等心理学偶像之间实体性的关系之上。

充分体现萨特的现象学深受胡塞尔与海德格尔的双重影响的著作当然是其代表作《存在与虚无》一书,根据萨特本人在1947年向法国哲学协会宣读的论文《自我意识与自我认识》中的说法,他试图"把胡塞尔静观的和非辩证的意识与我们在海德格尔著作中发现的那种辩证的、但却是非意识的(从而是无基础的)设想综合起来,前者使我们静观本质,后者则让我们发现首要因素是超越"①,这部著作的副标题是"现象学本体论",它很好地实现了他这种哲学追求。② 但是,它绝不是把胡塞尔的现象学与海德格尔的存在论③简单地综合,而是包含着萨特对两者的批判性接受,以及他对现象学的独特见解。

在此书中,萨特从批判胡塞尔的"现象"这一概念开始,他先高度评价了胡塞尔对存在问题的贡献,认为胡塞尔的现象学从"事情本身也就是从现象本身"入手是近代思想的一个重大成就。但是萨特认为胡塞尔通过"现象学还原"的方法找到的哲学起点——"先验自我"仍然蕴含意识主体(先验自我)与意识对象(其他存在物)的两元对立。并且这种作为实体性意识主体的"先验自我"与其他意识主体之间仍然无法沟通,从而没有走出"唯我论"的泥潭。萨特认为只有把作为哲学起点的"意识"

---

① 转引自[美]赫伯特·施皮格伯格《现象学运动》,王炳文等译,商务印书馆2011年版,第637页。

② 当然,这种说法并不严谨,海德格尔并没有辩证的存在论,萨特在此书中的辩证法思想主要来自让·华尔阐释的黑格尔哲学。关于这点可以参见 Klaus Hartman, *Sartre's Ontology: A Study of Being and Nothingness in the Light of Hegel's Logic*, Evanston: Northwestern University Press, 1966。

③ "Ontology"这一概念在萨特的哲学中既有传统形而上学追问"存在(being)是什么"的"本体论"含义,又有基于海德格尔生存论意义上的"存在如何实存(existence)"的"存在论"意蕴,所以在本文中笔者根据不同的语境把萨特的"Ontology"分别译为"本体论"与"存在论"。关于现代哲学中的"本体论"与"存在论"的区别问题可见《后哲学的哲学问题》(孙周兴著,商务印书馆2009年版)一书中的"形而上学的本质之问与实存之问"(此文见该书第1—19页,他主张将"存在主义"和"存在先于本质"译为"实存主义"和"实存先于本质",笔者认为有一定的道理,但鉴于习惯上的约定俗成,笔者没有在本文中采纳其译法,但在原著中容易引起误解的"being"和"existence"的翻译上会把英文注在括号中以免混淆)。

更进一步纯化，不仅要把事物清除出意识，而且还要把作为"反思的我思"的"先验自我"清除，最后将"反思前的我思"确立为哲学的出发点。这种"反思前的我思"是先于作为对象性意识的认识的意识，它是纯粹意识，是排除了一切存在的虚无。这正是萨特现象学术体论的起点，它不同于胡塞尔悬搁了意识以外的存在，使本体论转化为认识论，在萨特看来，"（在胡塞尔的著作中）我们从我们所认识的世界开始，我们通过现象学的悬搁离开这个世界，我们从此就再也不能从悬搁中回到这个世界"①，它要回到这个世界，讨论世界存在的本体论问题。

萨特认为，回到这个世界，必须通过"意识总是对某物的意识"的意向性，通过意识的意向性来揭示世界，让世界显现。这与海德格尔关于现象就是"显现自身的东西"的解释学现象学相近。在萨特这里，对作为虚无存在的意识显现的物就是"存在的现象"，而不是"现象的存在"。"现象的存在"是未被揭示的存在，它超出了人们对它的认识，只为这种认识提供基础。作为虚无的意识是一种"自为的存在"，而与之对应的"现象的存在"是一种"自在的存在"。前者具有"超越性""否定性"，它是一种"是其所不是，不是其所是"的存在；而后者没有任何否定性，是一种"是其所是，非其所非"的存在。萨特说此书正是为了回答"自在"与"自为"的两分以及解决这样两分的可能性问题。②

与海德格尔解释学的现象学避开可能导致主客两分的意识概念不同，萨特不避讳讨论意识存在，他甚至认为人的存在就是意识。在此意义上，正如赫伯特·施皮格伯格所认为的"萨特关于意识的本体论也仍然更接近胡塞尔而不是海德格尔"③。尽管如此，但是"萨特实际主张的现象学完全建立在人的存在这个层次上。正是这种不言而喻的放弃超

---

① 转引自［美］赫伯特·施皮格伯格《现象学运动》，王炳文等译，商务印书馆 2011 年版，第 666 页。

② 参见 Sartre, *Being and Nothingness*: *A Phenomenological Essay on Ontology*, Trans. Hazel E. Barnes, New York: Washington Square Press, 1993, pp. lxvi-lxvii。

③ ［美］赫伯特·施皮格伯格：《现象学运动》，王炳文等译，商务印书馆 2011 年版，第 667 页。

验领域和对意识的人化或'世俗化'才构成了萨特对于胡塞尔的现象学所做的最重大的改造"①。

在萨特看来,人是唯一能"提问",并且能做出否定性回答,使"虚无"来到世界的存在,所以人即"自为",即"虚无"。意识之所以能够把虚无投射于世界,是因为意识结构本身包含着三重根本性的否定:关于外界的否定、关于自身的否定和对这些否定的否定。而正是这种"否定已经把我们推到自由"②。作为"虚无"存在的人即是自由。"人的自由先于人的本质并且使人的本质成为可能,人的存在的本质悬置在人的自由之中。……人并不是首先存在以便后来成为自由的,人的存在和他'是自由的'这两者之间没有区别。"③人的存在与物的存在不同,物是被动的、消极的、没有自由的,不能自己造就自己,所以是"本质先于存在"的;而人一开始来到这个世界是"虚无",是空无所有的存在,人通过"存在起来",通过自己的意愿、自己的行动来造就自身,所以是"存在先于本质"的。正因为如此,所以人要不断自我否定、自我设计、自我筹划,在世界中揭示自身与世界的意义。

在这种自由地创造自身的过程中,人要面临选择,承担起自由选择带来的责任。所以人就会体验到"焦虑"。焦虑是人无法逃避的,或者说人就是焦虑。"我们不可能消除焦虑,因为我们就是焦虑。"④而在现实生活中人们为了逃避焦虑,选择了"自欺"。"自欺"的实质是人们为了逃避自由带来的责任与焦虑,否定自身的超越性,把自己的"是其所不是,不是其所是"的自为存在当成了"是其所是,不是其所不是"的自在存在或物的存在。比如我假装自己的行为不受自己的控

---

① [美]赫伯特·施皮格伯格:《现象学运动》,王炳文等译,商务印书馆 2011 年版,第 669 页。

② Sartre, *Being and Nothingness*:*A Phenomenological Essay on Ontology*,Trans. Hazel E. Barnes,New York:Washington Square Press,1993,p. 73.

③ Sartre, *Being and Nothingness*:*A Phenomenological Essay on Ontology*,Trans. Hazel E. Barnes,New York:Washington Square Press,1993,p. 25.

④ Sartre, *Being and Nothingness*:*A Phenomenological Essay on Ontology*,Trans. Hazel E. Barnes,New York:Washington Square Press,1993,p. 43.

制或者我假装自己的行为别无选择等逃避责任的方式。"自欺之所以可能,是因为它是人的存在的所有谋划的直接而永恒的威胁,是因为意识在它的存在中永远包含有自欺的危险。这危险的起源就是:意识在它的存在中是其所不是同时又是其所是的。"①萨特认为这里的悖论就是人在否认自身的自由的同时又自由地利用了自己的自由。

　　自为的虚无性、否定性、超越性是人之为人的根本,而自为的"人为性"是人的外在结构,它是人"在世"存在的偶然性,因为这种自为存在首先要有身体的存在,然后是在一定的时空中的存在,身体与一定的时空都是自为存在的处境,"它被抛入一个世界之中,弃置在一种'处境'之中"②。但是,人是一种"是其所不是,不是其所是"的否定性存在,他不会让"人为性"阻抑他的自由,他要通过虚无化存在来实现其"超越"。"虚无化既是存在的虚无化,它便代表着自为的存在与自在的存在的原始关系"③。而这种可以虚无化存在的自为存在是一种"欠缺",人的实在是本身就是一种"欠缺",而这种"欠缺"所欠缺的是"自在存在的自我确定性",那么人就会不断企图要实现"自为与自在之间的不可能实现的合题"④。这种企图成为自在与自为综合的整体的欲求被萨特称之为"成为上帝的欲求"⑤,是人的"存在的欲望(英文为'desire to be'或'desire of being')"。这种欲望是不可能实现的,但是人又永远面对这个整体,向着这个整体不断存在,萨特称之为"一种痛苦意识,是不能超越的痛苦

① Sartre, *Being and Nothingness*: *A Phenomenological Essay on Ontology*, Trans. Hazel E. Barnes, New York: Washington Square Press, 1993, p. 70.

② Sartre, *Being and Nothingness*: *A Phenomenological Essay on Ontology*, Trans. Hazel E. Barnes, New York: Washington Square Press, 1993, p. 79.

③ Sartre, *Being and Nothingness*: *A Phenomenological Essay on Ontology*, Trans. Hazel E. Barnes, New York: Washington Square Press, 1993, p. 85.

④ Sartre, *Being and Nothingness*: *A Phenomenological Essay on Ontology*, Trans. Hazel E. Barnes, New York: Washington Square Press, 1993, p. 90.

⑤ Sartre, *Being and Nothingness*: *A Phenomenological Essay on Ontology*, Trans. Hazel E. Barnes, New York: Washington Square Press, 1993, p. 566.

状态"①。这种存在的欲望是一种激情,但是这种激情又是徒劳的,所以在《存在与虚无》的最后,他得出结论:"人是无用的激情"②。

萨特讨论了自在的存在与自为的存在两种范畴之后,接着对自为的存在与其他的自为存在的关系问题,也就是他者问题进行探讨。萨特认为对他者存在的感知首先是不同身体之间的感知,所以他首先用现象学的方法讨论了身体的存在问题。萨特认为人的身体是人的存在的处境,意识不可能像认识其他存在物一样认识身体,"身体是活生生的,不可能被认识的",意识与身体首先只能是存在的关系,而不能是对象性的认识关系。他认为身体具有三个维度:一是作为自为的存在的身体,这意味着我使我的身体存在,这时我是主体;二是"为他"的身体,我的身体被他人认识和利用,我此时对他人来说是客体;三是我的为他人的身体,我的身体是为我存在的,但是对于他人是为他的客体,我通过作为客体的身体来追求自我的存在。

萨特对身体的三维确定使得他不能停留在抽象地分析自我与他者的关系中,而要转向对具体实例的考察。萨特在对黑格尔、胡塞尔、海德格尔等人的批判性考察以后,得出如下几点结论。第一,必须在存在论语境中理解"他者"问题。自我与他者是存在关系,而不是认识论中的对象性关系。第二,必须确定我的自为存在的绝对本体论地位,因为发现与提出"他者"问题的正是我。他者的存在是"偶然的必然性",不能将之同化为自为存在的本体论结构。第三,人的存在关系本质上不可能是"共在",而只能是互相否定和冲突。我只能遇到他者,却不能构成他者,每一个他者都具有偶然和不可还原的性质。"为他的存在"是对他者的彻底否定,所以"对'他人'的任何整体化及统一的

---

① Sartre, *Being and Nothingness: A Phenomenological Essay on Ontology*, Trans. Hazel E. Barnes, New York: Washington Square Press, 1993, p. 90.

② Sartre, *Being and Nothingness: A Phenomenological Essay on Ontology*, Trans. Hazel E. Barnes, New York: Washington Square Press, 1993, p. 615.

综合都是不可能的"①。萨特通过对"注视"进行现象学分析来说明自我与他者这种本质上是冲突的存在关系。在相互"注视"中,自我与他者彼此将对方置于客体的地位,否认对方的自由,说明他者与我一样是作为具有否定性的自为存在,他者与我同样是自由的,这种自由限制我的自由,所以"他者是地狱"。

　　从以上我们简要勾勒出的《存在与虚无》一书的理论内容与逻辑思路看,萨特的现象学是处于胡塞尔的"纯粹现象学"与海德格尔的"存在论现象学"之间的。萨特从笛卡尔的"我思"出发,但不满意笛卡尔实体论的倾向。他认为胡塞尔克服了笛卡尔哲学的缺陷,但胡塞尔"小心翼翼地停留在功能描述的范围之内,于是,他永远没有超出过如此这般的显象的纯粹描述,他关闭于我思之中;与其称他为现象学家,不如称他为现象论者,尽管他自己一再否认;而且他的现象论时时刻刻都涉及有关康德的观念论"②。萨特从胡塞尔现象学的意识的意向性出发,但他把意向性理解为意识的"超越性""否定性""虚无性",试图以此克服胡塞尔现象学的观念论之"唯我论",企图走出"内在哲学"。这似乎更接近海德格尔在《现象学之基本问题》中给出的关于意向性问题的解释。海德格尔在此书中申明要探索意向性"如何在存在论上植根于此在的基本建制之中",他认为"意向性"表明的首要事情就是"每一行为都是一种朝向……而为,每一知觉都是对……行知觉",并且这种"朝向……""对……"的关系同时表明一种"朝外指向"结构,主体正是在这种意义上被"意向结构化"。③这种"朝外指向"意味着一种超越性,"意向性不是别的,正是超越性所在之处","意向性植根于此在之超越性"。萨特充分肯定了海德格

① Sartre,*Being and Nothingness*:*A Phenomenological Essay on Ontology*,Trans. Hazel E. Barnes,New York:Washington Square Press,1993,p.252.

② Sartre,*Being and Nothingness*:*A Phenomenological Essay on Ontology*,Trans. Hazel E. Barnes,New York:Washington Square Press,1993,p.73.

③ 参见[德]马丁·海德格尔《现象学的基本问题》,丁耘译,上海译文出版社2008版,第72—74页。

尔对胡塞尔现象学的超越,他说,"海德格尔要避免这种描述现象论,因为这种现象论导致反辩证的和孤立的本质的麦加拉主义(the Megarian),他要不经过我思而直接进行生存论的分析(existential analytic)",但萨特认为"他(海德格尔)的此在由于一开始就已经剥夺了意识的维度,因而不能重获这个维度"①。萨特试图克服胡塞尔的观念论与海德格尔的此在生存论的缺陷,从意识的维度出发来描述人的在世生存的结构与意义。因此,《存在与虚无》根本不是乔治·斯坦纳所认为的是海德格尔《存在与时间》的一篇长长的注脚,萨特对海德格尔的理解十分具有原创性,他的关于"注视"和"身体"等主题是海德格尔未涉足过的领域。② 伊森·克莱因伯格对此有一个比较公允的评论:"它(《存在与虚无》)是萨特同海德格尔的一次交锋,就像《自我的超越性》是他同胡塞尔的一次交锋一样。"③更为重要的是,在《存在与虚无》中,萨特通过把海德格尔以"此在"为根基的现象学改造成以具有超越性、否定性和虚无性的"自为"的意识为根基的现象学,从而为人的自由奠定了学理基础。

第二节 从"意向性"到"超越性"

"意向性"简单来讲就是"与对象的关系",现代哲学的意向性问题开启于弗兰茨·布伦塔诺,在对对象的不断澄清与解释中,布伦塔诺展开了他的意向性思想。布伦塔诺的意向性概念是借助中世纪的意向(intentio)概念建立起来的。他对这个概念的独创性改造所产生的影响通过后来的现象学运动而传布开来,在现象学中,这一概念具有核心作用。

基于经验主义的立场,布伦塔诺将"现象"区分为"心理现象"和"物

---

① Sartre, *Being and Nothingness: A Phenomenological Essay on Ontology*, Trans. Hazel E. Barnes, New York: Washington Square Press, 1993, p. 73.
② 参见[美]伊森·克莱因伯格《存在的一代》,陈颖译,新星出版社 2010 年版,第 151 页。
③ [美]伊森·克莱因伯格著:《存在的一代》,陈颖译,新星出版社 2010 年版,第 181 页。

理现象",区分二者的标准就是对后世哲学产生巨大影响的"意向内实存（intentional inexistence）",正是这个特征使布伦塔诺认为"心理现象"有别于"物理现象"。① 这包含了两层意思：一方面,"意向的"一词交代了一种对于某种内容或对象的关涉（aboutness）、指涉（reference）或指向（direction）,而这也是布伦塔诺本人所明确指出的；另一方面"内实存"则将相关内容或对象的存在形式判定为"内在于"心智或意识活动的存在,即为意识所内在地具有的对象。简单地说,指涉性和内在性是布伦塔诺的"意向性"指标所不可或缺的构成部分。布伦塔诺的"意向性"指标确立了一种思考心智或意识问题的新模式,即在意识的呈现行为对所呈现之物的"意向的"关系中来理解和把握双方的特性。"它最大的独创性在对经院哲学的'意向性（intention）'概念的细微修正上,这种意向性也就是心中的这样一种形式,这种形式使得心能够指涉并非自身之部分的东西,指涉超越其自身而在实在世界中可能或不可能存在的东西。"②

"意向性"是否真的仅仅只包含着"指涉性"和"内在性"这两层含义？心理现象具有某种意向性结构等同于它内在地指涉并具有某个对象吗？通过"意向性"概念我们得以理解的意识和意识的对象的本质究竟是什么？ 对这些存有疑义的问题,布伦塔诺并不能给人以满意的答复,毕竟"意向性对于布伦塔诺来讲只是一种副产品,其作用只在于分离出心理现象,而在后者之上被建立的描述心理学才是布伦塔诺的真正关注所在"③。正如海德格尔所认定的,胡塞尔才是真正从一开始就把意向性作为一种被创制的课题来呈现在其哲学之中的。④ 胡塞尔的现象学继承并

---

① 参见 Franz Brentano, *Psychology from an Empirical Standpoint*, Trans. A. C. Rancurello, D. B. Terell. and L. McAlister, intr. by Peters Simons, London and New York: Routledge, 1995, p. 75。

② J. N. Findlay, *Axiological Ethics*, London: Macmillan, 1970, p. 17.

③ Dermol Moran, *Heidegger's Critique of Husserl's and Brentano's Accounts of Intentionality*, Inquiry, 43, p. 40.

④ 参见 Martin Heideger, *History of the Concept of Time*, Trans. Theodore Kisiel, Bloomington: Indiana University Press, 1985, p. 27。

拓展了布伦塔诺所开启的问题域,布伦塔诺围绕"心理现象""意识体验""意识呈现"所讨论的一系列问题刺激了胡塞尔现象学的展开,而后者对前者以"意向的内实存"为名所探讨的"意向性"问题的挖掘更是构成了其中的核心部分,以至于当代现象学研究专家扎哈维认为意向性分析是胡塞尔思想的关键,并且是理解其整个哲学的线索。①

在布伦塔诺对心理现象和物理现象进行区分之时,有一主要指标在于表明心理现象在本质上是一种"呈现",并且此处的"呈现"必须要从进行呈现的"行为"的意义上得到理解。在《逻辑研究》中,胡塞尔继承了这一观点,他明确指出,意向体验研究的起点就是行为(acts),并且"每一个这样的行为中所包含的有意义的部分必须在行为—体验(act-experience)中寻求",从而"行为"概念"在其作为意向体验的意义上来讲,就划定出体验领域中一种极为重要的属统一性"②。与布伦塔诺一样,胡塞尔也要求我们注意,必须要到从作为体验的行为、而非行为的对象出发,挖掘心理现象或者说意识活动的真正含义,因此关于意识本质的现象学的问题就在于"根据其现象学本质来划定'心理行为'这一概念"③。

胡塞尔虽然盛赞布伦塔诺对意向性问题的上述洞见,但却不满于由后者所给出的对于该问题的经验—心理学考察方式。他认为一项真正有效的对"意向性"问题的研究首先要做的应当是对这种经验—心理学的考察方式加以排除,即对涉及对象之存在或非存在的"存在设定"加以排除,而仅仅通过一种"观念化"的活动对意向体验的"实项内容"进行考察,这就是现象学的任务。"在这些体验的实例中所进行的观念化活动(ideation)对所有经验—心理学看法和存在设定(existential affirmation of being)都加以排除,并且仅仅处理这些体验中实项的现象学内容,从

---

① 参见[丹麦]丹·扎哈维《胡塞尔现象学》,李忠伟译,上海译文出版社 2007 年版,第 1 页。

② Edmund Husserl, *Logical Investigations*, Volume II, Trans. J. N. Findlay, London and New York:Routledge, 1970, pp. 79 - 80.

③ Edmund Husserl, *Logical Investigations*, Volume II, Trans. J. N. Findlay, London and New York:Routledge, 1970, p. 81.

而就为我们提供了关于意向体验或行为及其种种纯粹本性的纯粹现象学的种属观念。"①

胡塞尔对"意向性"所进行的现象学考察的第一步就是用"意向体验"(intentional experiences)来取代布伦塔诺关于"心理现象"的提法,并且如我们之前已经指出的,将意向体验理解为一种"行为":因为"意向的"这一说法表明的是一种"意向活动(intending)",一种对对象之物的"指涉活动(referring)"。② 对于"意向性"的考察就落实到对作为行为的"意向体验"的考察之中。在行为中首先要区分出两种不同的内容,即行为的"实项内容(real content)"和行为的"意向内容(intentional content)"。"实项内容"指的是"行为各个具体部分或抽象部分的总和",亦即"所有实项地(really)构成该行为的部分体验的总和"③。所谓的行为的"实项内容"指的就是作为整体的行为的各个要素,而这些要素就是一个个部分而具体的体验,亦即意识具体的体验活动。行为的"意向内容"涵盖三种不同的概念:行为的"意向对象(intentional object)"、行为的"意向质料(intentional matter)"和行为的"意向本质(intentional essence)"。④ 正如扎哈维所总结的,胡塞尔试图阐明这样一个观点:"无论意识活动的对象是否存在,它们都是意向性的,并且正因如此,将某种心灵存在(或者,用布伦坦诺的术语来说,'意向性的非存在')归属于'非实在'的对象,以拯救活动的意向性,是不必要的。"⑤

简单地说,胡塞尔在《逻辑研究》中所描述的作为行为的意向体验的

① Edmund Husserl, *Logical Investigations*, Volume II, Trans. J. N. Findlay, London and New York:Routledge, 1970, p. 97.

② 参见 Edmund Husserl, *Logical Investigations*, Volume II, Trans. J. N. Findlay, London and New York:Routledge, 1970, p. 101。

③ Edmund Husserl, *Logical Investigations*, Volume II, Trans. J. N. Findlay, London and New York:Routledge, 1970, p112.

④ 参见 Edmund Husserl, *Logical Investigations*, Volume II, Trans. J. N. Findlay, London and New York:Routledge, 1970, p. 113。

⑤ [丹麦]丹·扎哈维:《胡塞尔现象学》,李忠伟译,上海译文出版社 2007 年版,第 11 页。

基本结构或行为的"意向性"结构主要由三个部分构成,即意向行为、含义与意向对象。意向行为也可以说是意识的体验活动,它始终指向、朝向行为的另一方——实在或非实在的意向对象。体验行为对于对象的这种意向活动同时也是一种"赋义"的活动,它在指向该对象的同时也将含义赋予了被指向的对象,在这种意义上,它也意味着体验行为的"能动性"①。

总之,胡塞尔认为,"意向性"发生所需要的所有条件是:具有对象——指向这一合理内在结构的经验的存在。对意向性的分析虽然只是表明,存在因其自身的本性而指向超越的对象的意识活动。这在西方哲学史上是一个突破,因为"这个证明足以克服这样一个传统的认识论问题,即怎样使主体和客体相互关联的问题。主体如何达到客体根本不是一个问题,因为主体本身就是自我超越的,而且本身就指向与其不同的东西"②。

《逻辑研究》根据现象学的要求拓展了布伦塔诺提出的划定心理现象的"意向性"标准问题,从这个意义上讲,胡塞尔通过这部著作完成了"意向性"研究从心理学到现象学的转换,使得"意向性"成了"现象学的主要论题"。

胡塞尔后来在《观念Ⅰ》中把意向性问题的着眼点从意识与其相关物的单纯关联转移到了意识对其意识相关对象的先验构造,用"Noesis-Noema"的结构来重述《逻辑研究》中的"意向行为—含义—意向对象"结构。在继续强调"意向性是普遍意义上的体验领域的本质特性"③之后,胡塞尔认为,有某种东西"引出了意向性的特性",从而"使得意识这一术语具有了它的独特意义,并且正是根据这种东西,意识本身才指向了某

① 倪梁康:《胡塞尔现象学概念通释》,生活·读书·新知三联书店 1999 版,第 253 页。

② [丹麦]丹·扎哈维:《胡塞尔现象学》,李忠伟译,上海译文出版社 2007 年版,第 16 页。

③ Edmund Husserl, *Ideas Pertaining to a Pure Phenomenology and to a Phenomenological Philosophy: First Book-General Introduction to a Pure Phenomenology*, Trans. F. Kersten, The Hague: Nijhoff, 1983, p. 199.

个它成为其意识的东西",这就是 Noesis。Noesis 在某种程度上"构成了最为广义的心灵(nous)的特有之物",并且指涉了"所有的意向体验"①。Noesis 表示的就是最为基本的意向意识体验的活动,而与 Noesis 相对应的 Noema 则被理解为"在当下的纯粹直观中"意向意识体验活动的材料借由显示自身的"内容",亦即"被知觉到的被知觉物""被记住的被记忆物""被判断的被判断物""被喜爱的被喜爱物"等等,简言之,所有在意识中"被意指(meant)"和"被意向(intended)"之物。②

胡塞尔由 Noesis 和 Noema 所表述的内容与《逻辑研究》中对意向行为和意向对象的描述看似基本无异,但事实上两个文本之间还是存在着若干不同,而正是这些不同使得胡塞尔得以完成"先验论转向"。首先,Noesis 不仅仅涉及意向行为和意向对象之间的彼此关联性,更强调作为行为的意识体验在其中的"构造(constitution)"作用,通过这种构造作用,意识得以将种种材料或质料"构造"为统一的整合客体,并同时在这一构造过程中意向性地指向该客体。其次,Noema 同时涵盖意向对象及其"含义核",《逻辑研究》中的意向性结构是三元的,即意向行为—含义—意向对象,而在《观念 I》中,意向对象和行为借之指向对象的含义都被归属于意识的相关项即 Noema。最后,Noesis-Noema 是现象学悬置后的意向性结构。经历了悬置和还原的 Noesis:Noenia 结构就是现象学的"滞留物(Ressidum)",也就是"'先验'还原对自然施行悬置"之后所剩下的"关于本质的(eidetic)、毫无条件的、必然的"③意向性结构。对于胡

① Edmund Husserl, *Ideas Pertaining to a Pure Phenomenology and to a Phenomenological Philosophy*：*First Book-General Introduction to a Pure Phenomenology*, Trans. F. Kersten,The Hague：Nijhoff, 1983, p. 205.

② 参见 Edmund Husserl, *Ideas Pertaining to a Pure Phenomenology and to a Phenomenological Philosophy*：*First Book-General Introduction to a Pure Phenomenology*, Trans. F. Kersten,The Hague：Nijhoff, 1983, p. 214。

③ Edmund Husserl, *Ideas Pertaining to a Pure Phenomenology and to a Phenomenological Philosophy*：*First Book-General Introduction to a Pure Phenomenology*, Trans. F. Kersten,The Hague：Nijhoff, 1983, p. 239.

塞尔的这种不同时期的意向性理论的特征,保罗·利科(Paul Ricoeur)在胡塞尔《观念 I》法文版的导言中做了一个非常精辟而确切的概括:"意向性可以在现象学还原之前和之后被描述;在还原之前时,它是一种交遇,在还原之后时,它是一种构成。它始终是前现象学心理学和先验现象学的共同主题。"①

"正是胡塞尔对意向性越来越彻底的分析,使他转向了先验哲学。"②而这种先验哲学的一个基本立场就是:"主体性(以及我们最终将看到的,主体间性)是实在的可能性条件。没有主体性就不可能有实在性。"③这样,胡塞尔通过悬搁、还原和意向性分析让哲学找到了"全新的出发点"和"全新的方法",从外在的实在引向内在的先验主体即"意识的绝对自身给予性",从而"将我们从一种自然(主义)的教条中解放出来,并使我们意识到我们自身构成性的(认知的、赋予意义的)作用"④,它把传统上"内在"与"外在"(或曰"思"与"在")如何相符的问题转换成了绝对的内在性如何在其自身给予的场域中向自身进行"呈现"的问题。

胡塞尔的意向性理论可以用他自己的一句话来概括:"意向性一词不指别的,它仅仅是指意识的普遍根本的特性:意识是关于某物的意识。"⑤这点萨特非常赞同,他专门就此写了一篇短文《胡塞尔现象学的一个基本概念:意向性》,他把"意向性"解释为:"意识必须作为关于某个异于自身之物而存在的必然性,胡塞尔称之为'意向性'。"他认为意识与对象的关系是"意识和世界是同时给定的:从本质上说外在于意识的世界,本质上也是相对于意识的",而意识根据其必然性,是"'向外爆出(s'éclatervers)'……超出自身、并非自身、外在于自身"的。"意识并没有

---

① [德]埃德蒙德·胡塞尔:《纯粹现象学通论——纯粹现象学和现象学哲学的观念(I)》,李幼蒸译,中国人民大学出版社 2004 年版,第 366 页。
② [丹麦]丹·扎哈维:《胡塞尔现象学》,李忠伟译,上海译文出版社 2007 年版,第 81 页。
③ [丹麦]丹·扎哈维:《胡塞尔现象学》,李忠伟译,上海译文出版社 2007 年版,第 52 页。
④ [丹麦]丹·扎哈维:《胡塞尔现象学》,李忠伟译,上海译文出版社 2007 年版,第 45 页。
⑤ [德]埃德蒙德·胡塞尔:《笛卡尔沉思与巴黎讲演》,张宪译,人民出版社 2008 年版,第 69 页。

'里面'，它本身只不过是它自己的外面，正是这种绝对的逃逸，这种对成为实体的拒绝才使它成为意识。"①换言之，在萨特看来，意向性概念表明意识的本性是"超越性"，它是一种非实体性的存在，而意识的对象是在意识之外的。

在《自我的超越性》一书中，萨特对意向性理论阐述得更具体清晰，他说："意识是通过意向性得到规定的。通过意向性，意识超越自身（transcends itself），并且以通过逃离自身的方式进行自身统一。"②这是他首次给出自己的"意向性"概念的定义，即意识由意向性所规定，而由意向性所揭示的意识的首要本性是超越性，或者说意识是对于自身的超越活动，简言之，意向性意味着超越性。

在《存在与虚无》中，萨特进一步确认意识的结构性特征是"超越性（transcendence）"，他说："意识是对于某物的意识。这意味着超越性是意识的构造性结构（the constitutive structure of consciousness），也就是说，意识生来就支撑（supported）于一个并非意识自身的存在之上。"③在此书中，萨特从现象学本体论上把存在的方式分为"自在的存在"和"自为的存在"，即对象性的存在与意识的存在，他在第二卷中讨论"自为存在"的特征，其中第三章的标题就是"超越性"，这也说明了他把意识即"自为存在"的本性理解为一种越出自身以奔赴对象的"超越性"。

因此，笔者认为，萨特把胡塞尔的"意向性"改造成了一种"超越性"，即意识在本性上总是越出自身、离开自身、朝向外在于意识的对象的，在

---

① 参见 Sartre, *Une idée fondamentale de la phenomenologie de Husserl: L'intentionalité*, *Situations philosophiques*, Paris: Gallimard, 1990, pp. 9 - 11. 学界普遍认为此文写作于1939年，新近有文献与论证都表明它可能写在1934年的《自我的超越性》之前，笔者同意后一种观点。关于《自我的超越性》的写作年份问题，可参见庞培培《萨特的意向性概念：内部否定》，《云南大学学报（社会科学版）》，2012年第6期。

② Sartre, *The Transcendence of the Ego*, Trans. Forrest Williams, New York: Hilland Wang, 1991, p. 38.

③ Sartre, *Being and Nothingness: A Phenomenological Essay on Ontology*, Trans. Hazel E. Barnes, New York: Washington Square Press, 1993, p. lxi.

这个意义上,超越性就是"意识的运动,它总是引领意识走向超越于自身之处、走向超越于当下存在之处"①。正是这种改造显示了萨特希望达成的哲学意图。

首先,萨特把胡塞尔现象学的意向性改造成意识的超越性,是为了批判传统认识论中的内在哲学。他讥讽这种哲学为"饮食哲学(philosophie alimentaire)",这种哲学中"认识,就是吃掉(connatre, c'est-manger)",是观念论和实在论的"共同幻觉(illusion commune)"。② 显然,一开始,萨特在《胡塞尔现象学的一个基本概念:意向性》一文中是把胡塞尔当成了盟友来批判内在哲学的,但是正如倪梁康先生所说:"倘若当时萨特对胡塞尔有更深入的了解,他必定不会再把胡塞尔视为盟友,更多是会将他视为自己强劲的对手。"③因为胡塞尔用意向性理论要说明的是意识的基本构造能力,也就是说,意识往往会把自己构造起来的内在之物认作自己之外的超越之物,它本身确实是一种观念论的内在哲学。而萨特想要说明的是:意识是一种越出自身、朝向世界的活动,它"除了自我逃逸的运动和向自身之外的滑动之外,什么都没有……意识没有'里面'"④,意识的对象,包括我们的自我在内,都是"在世界中"的。他说:"这几乎可以终结脆弱的内在哲学……超越哲学把我们抛到大路上,危险之中,耀眼的阳光下。海德格尔说过,存在就是在世界中存在。要把这'在……中存在'从运动的意义角度去理解。存在就是往世界爆开,就是从世界的一种虚无、从意识出发,突然爆开成世界中的意

---

① Philippe Cabestan and Arnaud Tomes, *Le vocabulaire de Sartre*, Paris: Ellipses, 2001, p. 59.

② Sartre, *Une idée fondamentale de la phenomenologie de Husserl: L'intentionalité*, *Situations philosophiques*, Paris: Gallimard, 1990, p. 9.

③ 倪梁康:《自识与反思——近现代西方哲学的基本问题》,商务印书馆 2002 年版,第 545—546 页。

④ Sartre, *Une idée fondamentale de la phenomenologie de Husserl: L'intentionalité*, *Situations philosophiques*, Paris: Gallimard, 1990, p. 9.

识。"①这确实是借鉴了海德格尔的超越哲学又"创造性的误读"了胡塞尔的意向性理论,但这并非没有意义,正如倪梁康先生所公允评论的"萨特在这里实际上提供了一个解释的随意性的典型例子:一个解释可以远离文本的意义,却并不一定就因此而不具有意义"②,它把"意向性"改造为"超越性",达成了批判内在哲学的旨意。

其次,萨特认为造成哲学内在化的根源在于"先验自我"的设定,把"意向性"改造为"超越性"就是要从意识中清除"先验自我"。在《胡塞尔现象学的一个基本概念:意向性》一文中,萨特只是借胡塞尔的意向性概念来表明自己的哲学意图,没有批驳胡塞尔的理论。在《自我的超越性》一书中,萨特首次展开了对胡塞尔现象学的批判性承继。在他看来,后康德主义者从"我思"出发,不能很好地解释意识与自我的关系,只有借助现象学才能解决意识与自我的实存问题。胡塞尔认为,在我思中有一个先验自我,这个先验自我实际上是现象得以产生的基础。也就是说,意识之所以成为意识,在其中我们之所以能够构造出现象,是因为在意识当中首先有一个先验自我,它随时综合着和构造着意识现象。这个先验自我实际上是意识的最终保证。"根据这种观点(胡塞尔和康德一样的传统哲学的观点),先验的'我'在每种意识的后面,是这些意识的必要结构,它的光线会落在每个在关注的领域中呈现自身的现象上面……'我'是内在性的制造者。"③萨特认为,不是自我使得意识统一,恰恰相反,是意识使自我统一,意识通过"意向性"统一自我。"通过意向性,意识自我超越,并且在自我逃避(escaping from itself)中统一自身。"④所

---

① Sartre, *Une idée fondamentale de la phenomenologie de Husserl：L'intentionalité*, *Situations philosophiques*, Paris：Gallimard,1990,p. 10.

② 倪梁康:《自识与反思——近现代西方哲学的基本问题》,商务印书馆 2002 年版,第 546 页。

③ Sartre,*The Transcendence of the Ego*,Trans. Forrest Williams,New York：Hilland Wang, 1991,pp. 37 - 38.

④ Sartre,*The Transcendence of the Ego*,Trans. Forrest Williams, New York：Hilland Wang, 1991,p. 38.

以,"先验的我没有存在的理由",而且"这个多余的'我'是有害的。如果它存在,它会让意识与自身撕裂开来,它会分离意识,像一个不透明的刀片切入每一个意识之中。先验的我就是意识的死亡"①。

既然"先验自我"不仅不必要,而且还是有害的,那么如何从意识中清除它,并且还要保证清除它之后,意识不会沦为没有统一性、个体性的零星碎片呢?萨特认为,作为超越性的意向性能帮助意识摆脱"自我"的先验性桎梏,又能在此基础上确保意识自身的统一性和个体性。

萨特首先对笛卡尔的我思进行现象学分析,他认为,我思(cogito)可以区分为前反思的意识、被反思的意识和反思的意识。他认为,"当我奔跑着追赶电车时,当我看表时,当我面对一副肖像画陷入沉思时,都没有'我'存在,有的是关于前方要被赶上的电车的意识等等,以及对意识自身的非设定性意识"②。在追赶电车时,意识通过自身超越的意向性活动而成为对前方那辆电车的意识,此时意识仅仅以后者为对象,它是对于那辆电车的意识,而不是关于某个正在追赶电车的自我的意识。萨特认为,在前反思的层面上,意识通过其意向性—超越性的活动超出自身、指向一个外部的对象,在这种情形中,意识活动可称为一种"前人称"或"无人称"的意识,因为此时此刻所发生的情况无非是"有关于……的意识",任何人称性的先验自我都尚未出现在这一前反思的意识之中,这种前反思的意识是"第一等级的意识或未被反思的意识"③。

任何为前反思层面的非人称意识赋予人称的活动在本质上都是一种次级的活动,即牵涉"反思"的活动,自我"只在反思行为发生的情况下

① Sartre, *The Transcendence of the Ego*, Trans. Forrest Williams, New York: Hilland Wang, 1991, p. 40.
② Sartre, *The Transcendence of the Ego*, Trans. Forrest Williams, New York: Hilland Wang, 1991, pp. 48 – 49.
③ Sartre, *The Transcendence of the Ego*, Trans. Forrest Williams, New York: Hilland Wang, 1991, p. 41.

才会显现"①。在另一个著名的例子中，萨特说道："我对皮埃尔有所怜悯，并对他伸出援手。对我的意识来说，此时此刻存在的东西只有一个：皮埃尔应该得到救助。"②与追赶有轨电车一样，意识此时只关注一个超越的对象，即面对着它的皮埃尔，尤其是皮埃尔身上所带有的令人怜悯的特性。我可以将这种怜悯看作自我的一种"心理状态"，从而将其归属为自我所具有的种种心理内容之一。但事实上，在原初的前反思时刻，这种归属是不存在的，唯一发生的事情是，有一种关于皮埃尔和皮埃尔令人怜悯的痛苦的意识，并且这种意识是非人称的。将这两个例子结合在一起，我们就能明白当萨特写下下面这句话时他想表达的含义："我面对着皮埃尔的痛苦，正如面对着这瓶墨水的颜色一样"③。在前反思意识的层面，"痛苦"这种人类情感和"颜色"这种物理属性都是意识活动的"超越对象"，意识朝向它们而超出自身，在其中没有或尚未有一"自我"的位置。有学者认为萨特是把笛卡尔的"我思，故我在"改造成了"我不在，故我思"④，这不无道理。

通过对"前反思意识"和"反思意识"的区分，萨特认为他完成了对于"先验自我"的清除。这里要注意的问题是，对于萨特来说，"前反思"并不仅仅是意识的某个转瞬即逝的原初环节，似乎一旦意识转向自身进行一种反思活动，"前反思"就只能成为一种遥远的乡愁。即使在第二层次的反思意识中，我们也必须区分"进行反思的意识"和"被反思的意识"，只有后者才称得上是某种被反思活动所"浸染"的意识，而对于前者来说，即使它是对于"被反思的意识"的反思行为，它对于自身的关系仍旧

① Sartre, *The Transcendence of the Ego*, Trans. Forrest Williams, New York: Hilland Wang, 1991, p. 53.

② Sartre, *The Transcendence of the Ego*, Trans. Forrest Williams, New York: Hilland Wang, 1991, p. 56.

③ Sartre, *The Transcendence of the Ego*, Trans. Forrest Williams, New York: Hilland Wang, 1991, p. 56.

④ H. J. Blackham, *Six Existentialist Thinkers*, London: Routledge & Kegan Paul Ltd, 1961, p. 113.

是"非设定"①或曰"非反思"的,只有等到此刻进行着反思的意识本身被"设定"为被反思的对象时,我们才可以说它不再是"未被反思"的了。

《自我的超越性》的评注者 Sylvie Le Bon 帮我们很好地总结了体现在萨特文本中的这一结构:"总结而言,对于意识的现象学分析将分辨意识的三个层次:

(1)第一层次,涉及未被反思的意识的层面,这种意识对于自身而言是非设定性的(non self-positing),因为自身意识此时是对于某个超越对象的意识。

(2)第二层次,进行反思的意识对于自身而言是非设定性的,但却是对于被反思的意识的设定性意识。

(3)第三层次,是第二层次的主题化行为(thetic act),经由这种行为,进行反思的意识就成了一种设定自身的意识。"②

意识具有三个层次,这三个层次是通过意识的"反思"活动得到区分的:首先是"前反思的意识"和"反思的意识"之间的区分,前者是对于非意识的超越对象的意识活动,后者是一种将意识自身作为"对象(准对象)"的意识活动,从而这是意识的对象类型方面的区分;其次是意识的反思活动中"进行反思的意识"和"被反思的意识"之间的区分,此时的区分不再是强调意识以超越物为对象还是以自身为对象,而是在后一种情形中将同一个意识"分裂"成本性上不同的两个方面,并且其中一个方面将另一个方面作为"对象"来把握(按照萨特引用胡塞尔的说法,这是一种"设定"行为,这种"设定"的对象只能是"准对象")。在意识的这三个

---

① 按照倪梁康的解释,这里的"非设定"指的是任何一个意识都不能把自己当作对象,不能自己设定自己。(参见倪梁康《自识与反思——近现代西方哲学的基本问题》,商务印书馆 2002 年版,第 555 页)

② Sartre, *The Transcendence of the Ego*, Trans. Andrew Brown, London: Routledge, 2004, p. 35. Note29. 这是该书法文版的评注者 Sylvie Le Bon 的评注,此英文版翻译者也将它译出。此前英译者 Forrest Williams 在翻译的英文版后自己做了评注,没有采用 Sylvie Le Bon 的评注。

层次中,作为"未被反思的意识"的前反思意识具有一种原初的首要性,也正是在意识的这一层面,意向性—超越性得到了最为充分的表达。而从"非被反思"到"被反思"的过渡永远不牵涉"另一个"意识的问题,因为如上文所述,始终是同一个意识在与自身的关系中"分裂"出"反思"和"被反思"的两个方面。

通过"前反思意识"和"反思意识"的区分和"反思"层面意识的自身"分裂"的模式摆脱了"先验自我"的意识又如何在这一新的地基上重新获得自身统一呢?

萨特认为"意识统一性"有两重来源,即外在超越对象的统一性和意识之流的内时间统一性。

如前所述,萨特已经给出了对于这一问题的解答,即意识"通过逃离自身的方式进行自身统一"。如何理解这种逃逸性的统一方式?我们仍旧需要回到萨特的例子。在说明意识由意向性得到规定,并且意向性表明超越性之后,萨特举例说:"我通过无数的主动意识进行过、进行着,并且以后也能够进行'二加二等于四'的运算,这些意识的统一性在于'二加二等于四'这么一个超越的对象。如果这一永恒真理的恒久性(permanence)不存在的话,就无法对一种实实在在的统一性有所觉察,并且情况就会变成,有多少个进行运算的意识,就有多少次不可缩减的运算……对象超越对其进行把握的种种意识,而这些意识的统一性也正是在对象之中可以找到。"①也就是说,意识的统一性是由超越对象"实在"的统一性所保证的。无数的意识活动之所以能够被认作同一个意识的诸时刻,而不是被当作彼此之间毫无关联、散乱不堪的意识片段,是因为意识通过其意向性—超越性本性所关涉的超越对象本身具有某种"统一性"或"恒久性"。但是,这里还存在一个问题,即如果意识的统一仅仅凭借超越对象的统一性得以保证,那么,即使我们不对不同"人称"的意

---

① Sartre, *The Transcendence of the Ego* , Trans. Forrest Williams, New York: Hilland Wang, 1991, p. 38.

识之间的差别有所顾虑——因为萨特要求我们注意,意识具有原初的非人称特性——我们还是可能质疑,这样一种由对象来"聚拢"意识的努力是否取消了"这个"意识和"那个"意识之间的区分,从而导致了一个大写的单数性意识的诞生。

为此,萨特又补充了意识的统一性必须同时在意识具体的"绵延(duration)"中寻求。萨特认为,在胡塞尔关于"内时间意识"的研究中,我们可以得到一个结论,即"意识进行着自身统一,具体而言,这种统一是通过所有既往意识实项而具体的滞留(retentions)所形成的种种'横向(transversal)'意向活动而构成的",在此意义上,"意识永远回诸自身,当我们说'一个意识'时,我们说的就是'整个意识',这种独特的性质为意识所特有"①。也就是说,根据胡塞尔的"内时间意识"研究,意识本身是在"持续的意识流"的意义上得到理解的,并通过著名的"原呈现—滞留—前涉"而获得了时间性结构,从而我们无法在不牵涉整个意识流活动的情况下谈论意识的单独时刻,这表明"绵延"的意识的统一性内涵。

萨特认为,这一双重来源可以进一步表明意识能够脱离"先验自我"的囚禁,因为它不再需要后者来对其统一性进行保障,甚至在某种程度上,反而是"意识使得自我的统一性和人称性得以可能",因为意识构建起一种综合性、个体性的总体,而自我"只不过是对意识的这无法沟通性和内在性的一种表达(expression),而绝不是后者的条件(condition)",因此"先验自我完全失去了存在的理由"②。

在萨特看来,被纯化的意识的先验场域恢复了其原初的"透明性

---

① Sartre, *The Transcendence of the Ego*, Trans. Forrest Williams, New York: Hilland Wang, 1991, p. 39.

② Sartre, *The Transcendence of the Ego*, Trans. Forrest Williams, New York: Hilland Wang, 1991, pp. 39 - 40.

(transparency)"①。与胡塞尔一样，萨特认为，一切心理—身体的"自我"都被现象学还原所搁置，萨特将还原进行到底，将"先验自我"也搁置。从现象学来说，现象是对意识显现的存在，先验自我如何能对意识显现？"在意识中，一切都是清楚明晰的：对象带着其特有的不透明性面对意识。而意识，它纯粹简单的是作为对象意识的意识，这是它的实存规律(the law of its existence)。"②这正如扎哈维所解释的，"在萨特看来，意识的特征在于它根本的自身被给予性或自身显现，因而它没有任何隐匿或被遮蔽的部分"③。这意识的意识，不是设定性的，意识不是自身的对象，因为意识的对象从本质上说是外在于意识的，它是"第一等级的意识或未被反思的意识"。这种被纯化的意识不受对象、自我等意识以外的任何存在的羁绊，因此是自由的，在此层次上的"意识（像斯宾诺莎的实体）只能被自身所限制"④。

　　而萨特说这个像斯宾诺莎的实体的意识恰恰不是实体，"意向性"或"超越性"不是意识的性质。在《胡塞尔现象学的一个基本概念：意向性》一文中，萨特说："意识并没有'里面'，它本身只不过是它自己的外面，正是这种绝对的逃逸，这种对成为实体的拒绝才使它成为意识。"⑤在《自我的超越性》中，他对意识的非实体性做了更进一步的阐释。他先批判了笛卡尔"我思"的实体化倾向。在萨特看来，当笛卡尔在《第一哲学沉思录》中从怀疑的意识过渡到自我确证的我思，进而得出意识实体的观念

① Sartre, *The Transcendence of the Ego*, Trans. Forrest Williams, New York: Hilland Wang, 1991, p. 93.

② Sartre: *The Transcendence of the Ego*, Trans. Forrest Williams, New York: Hilland Wang, 1991, p. 40.

③ ［丹麦］丹·扎哈维:《主体性和自身性：对第一人称视角的探究》，蔡文菁译，上海译文出版社2008版，第41页。

④ Sartre, *The Transcendence of the Ego*, Trans. Forrest Williams, New York: Hilland Wang, 1991, p. 39.

⑤ Sartre, *Une idée fondamentale de la phenomenologie de Husserl: L'intentionalité*, Situations philosophiques, Paris: Gallimard, 1990, p. 10.

时,他误认为"我和思处于同一层面",从而"从我思(Cogito)过渡到了思想实体(thinking substance)的观念"①。也就是说,笛卡尔混淆了意识前反思和反思这两个层面。在《存在与虚无》的导言中,萨特指出,笛卡尔"没有看到,如果绝对是由实存(existence)相对于本质(essence)而言的优先性所确定的话,那它就绝不会被当成一个实体",因为笛卡尔所要得出的作为绝对的意识"根本不是与体验相对的(relative),因为它就是这个体验",他错误地将意识作为实体隐藏在一切意识体验活动背后,在此意义上,笛卡尔的我思是萨特所说的"降级(degrade)"了的我思,而由意向性所揭示的意识,或者说,作为意向性活动的意识,从根本上讲完全是非实体性的,"意识没有任何实体性"②。也就是说,作为意识超越自身的必然性的"意向性",不是在意识"具有"意向性的意义上作出的判断,好像意识是某个实体性的存在物,而意向性则是意识的属性或功能,哪怕是唯一功能。用萨特喜欢的句式来说,意识就是意向性,即意向性是意识的存在方式,进一步说,意向性"活动"就是意识本身,而不是意识"的"活动。《存在与虚无》的英文版译者 Haze E. Barnes 在一篇论文中对此总结得非常到位:"意向性"所揭示出的意识的秘密就在于,意识不是实体性的存在,"是一种行动(doing),而不是一个存在(being)"③。

意识不是实体性的存在,那它又是怎样的存在? 或者说是如何实存的呢? 这是一个本体论问题,我们在下一章将讨论萨特在《存在与虚无》中对此问题的解答,这里我们只讨论萨特在《自我的超越性》中所做的现象学意义上的探索。

在《自我的超越性》一书中,萨特通过将意识的意向性改造为超越

---

① Sartre, *The Transcendence of the Ego*, Trans. Forrest Williams, New York: Hilland Wang, 1991, p. 50.

② Sartre, *Being and Nothingness*: *A Phenomenological Essay on Ontology*, Trans. Hazel E. Barnes, New York: Washington Square Press, 1993, p. lvi.

③ Haze E. Barnes, *Sarlre's Ontology*: *The Revealing and Making of Being*, in Christina Howells (ed.) *The Cambridge Companion to Sartre*, Cambridge: Cambridge University Press, 1992, p. 17.

性,将包括先验自我在内的一切存在都清除出意识,论证了在原初的、第一等级的意识,即未被反思的意识中是没有"自我"或其他任何东西存在的,它是一种非实体性的存在,这种非实体性(non-substantial)的意识"是一种绝对,仅仅因为它是对自身的意识。因此,在'存在(to be)'和'显现(to appear)'是同一的意义上,它始终是一种'现象(phenomenon)'"①。意识这种"现象"没有"里面",没有"内部",甚至其背后也没有隐匿着的"本质",它只能不断地越出自身,奔赴对象,朝向世界,才能存在。意识的非实体性保证了意识真正意义上的"绝对性"。由于意识的显现与意识的存在是同一的,从而在显现与存在之间的等同就将意识规定为一个绝对的存在:倘若在意识现象的显现背后依旧有超出显现的"存在"根源(即传统认识论中的"现象"背后的"本质"),并且后者要求我们透过所有虚妄的现象对其自身进行把握,那这一隐匿自身的"存在"就将成为绝对者。但这种意义上的"存在"所具有的绝对性本身却是被限定的,它之所以显得绝对,仅仅是因为它被认定为是一切现象向其回溯的根基,但对其绝对性的这种"认定"本身却是由意识自身所做出的——意识透过由"显现"所表明的与自身的直接关系假设出一个更为"本己"的实体性根源。与此相反,由"显现即存在"所揭示的意识的"绝对性"恰恰来自意识与自身的直接关系本身,意识无时无刻不是它所显现出的样子,它的存在就是它的显现。从这个意义上,再一次说明了意识是"透明的",它没有任何隐匿或被遮蔽的部分。

这种"透明的"意识"是一个'无(nothing)',因为一切物理的、心理物理的和心理的对象,以及一切真理、一切价值都在它之外,也因为自我不再处于意识之中。但这种'无'又是'所有(all)',因为它是对于所有这

---

① Sartre, *The Transcendence of the Ego*, Trans. Forrest Williams, New York: Hilland Wang, 1991, p. 42.

些对象的意识"①。这样,意识与其对象之间的关系就不再是一个实体性的意识(如笛卡尔的"我思")如何从自身内部出发达到与外部对象的契合的问题,即"思"如何达到"在"的问题,也不是如何将外部对象所组成的世界作为"表象"拉回作为实体的意识之中的问题。萨特认为,意识与对象、意识与世界之间的真正问题在于,如何从意识之"无"出发,将世界之"有"的全部意义如其所是地揭示出来。意识既不是从某个"自我"中所弥散开来的主体表象活动,也不是植根于某种"无意识"的表层心理体验,它就是"活动"本身,就是"体验"本身,只不过这种"活动"或"体验"源于更深的层次,是一种先验领域的"自治(autonomous)"。

在萨特看来,清除了一切非意识存在即对象性存在的领域是一种"先验领域",在此领域中,意识进行"设定(position)",自身却是并未落在"设定"关系中的意识,即意识"设定"地意识到对象,"非设定"地意识到它自身,是处在前反思中的意识。意识的反思活动无权也无法掩盖意识的前反思维度,恰恰相反,后者相对于前者来说还具有"存在论上的优先性(ontological priority)",因为它根本不需要被反思就能去存在(to exist),也因为反思前设了(presuppose)一个第二等级上的意识的干预。于是我们可以得出以下结论:未被反思的意识必须被看作是自治的(autonomous)"②。

未被反思的意识是"自治的",也是"自发的",它是一种"真正的自发性(genuine spontaneity)",因为"它就是它自身的产物,而绝不是任何其他的东西"③。意识超越自身、达到对象的每一个存在"瞬刻",在这一时刻反思尚未介入,或者说,意识尚未"设定"自身,但即使在反思中,也始

---

① Sartre, *The Transcendence of the Ego*, Trans. Forrest Williams, New York: Hilland Wang, 1991, p. 93.

② Sartre, *The Transcendence of the Ego*, Trans. Forrest Williams, New York: Hilland Wang, 1991, pp. 57 - 58.

③ Sartre, *The Transcendence of the Ego*, Trans. Forrest Williams, New York: Hilland Wang, 1991, p. 129.

终存在着前反思的维度——意识向我们展现的就是其纯粹而绝对的对自身"存在"的判定。这种"自发性"来自意识自身的"意向性",或者说是"超越性","除了意识之外,没有任何东西能成为意识的源泉"①。

"自发性"揭示了意识的纯粹领域,它是"绝对实存(absolute existence)的领域,也就是纯粹自发性(pure spontaneities)的领域。纯粹的自发性永远不会成为对象,并且是自身决断去实存的(determine their own existence)"②。这种对于存在的自身决断,就是萨特所说的最原初意义上的"自由(liberty)"。意识的自由在于意识的存在是由意识自身所判定的,并且意识无时无刻不进行着这种对自身存在的自行判定——在此之前一无所是,在此之后不断开始,并且是世间所有。

最后,萨特得出结论:"先验的意识非人称(impersonal)的自发性。意识注定要无时无刻自身决断去实存,在意识的实存之前,我们不能设想任何东西。从而,我们的意识生活的每时每刻都向我们揭示从虚无开始的创造(a creation ex nihilo)。这不是一种新的安排(a new arrangement),而是一种全新的实存(a new existence)。"③这是一种从"无"出发的全新的起点,全新的开端,一种真正的从"无"到"有"的全新的创造,一种意识不仰仗"自我"、不借助外在的任何力量,全凭自身的"无"开辟出全部的"有"的气势磅礴的自由。

综上所述,萨特通过把意识的"意向性"改造为"超越性",即意识"超越自身"的必然性,借助这种"超越性"在原初层次上摆脱"先验自我"对于意识的禁锢,并且最终在无需"先验自我"保障的情况下重新赢得自身的统一,得以完成某种关于纯粹意识领域的构建工作,从而"实现了先验

① Sartre, *The Transcendence of the Ego*, Trans. Forrest Williams, New York: Hilland Wang, 1991, p. 52.
② Sartre, *The Transcendence of the Ego*, Trans. Forrest Williams, New York: Hilland Wang, 1991, p. 96.
③ Sartre, *The Transcendence of the Ego*, Trans. Forrest Williams, New York: Hilland Wang, 1991, pp. 98 - 99.

场域的解放（自由）（the liberation of the Transcendental Field），同时也实现了它的纯化（purification）"①，最终为意识的绝对自由存在奠立了一种现象学的基础。

---

① Sartre, *The Transcendence of the Ego*, Trans. Forrest Williams, New York: Hilland Wang, 1991, p. 93.

中篇 自由的本体论根源

上一篇我们较为详尽地讨论了萨特在《自我的超越性》一书中为其自由理论所做的现象学奠基,但是正如 Sylvie Le Bon 所评注的:"在萨特写《自我的超越性》时,似乎还没有给自由(liberty)这个概念如《存在与虚无》中那般重要和广泛的内涵。……在此,自由是通过它影射的责任和意志(responsibility and will)的类比得到理解的,这就是说,自由局限在伦理学的先验领域(the transcendent sphere of ethics)。"①因此,要深入全面地理解萨特的自由学说,我们必须转到被他自己称为"关于自由的书"②——《存在与虚无》之中,看看其中他对自由做出怎样的进一步的阐释。

第一节 作为现象学的本体论

"纯粹"的现象学(即胡塞尔现象学)与西方哲学传统中的本体论之

---

① Sartre, *The Transcendence of the Ego*, Andrew Brown, Trans, London: Routledge, 2004, p. 40.
② [法]西蒙娜·德·波伏瓦:《萨特传》(《永别的仪式·同让-保尔·萨特的谈话》),黄忠晶译,百花洲文艺出版社 1996 年版,第 415 页。

间是有着某种张力的,因为胡塞尔要把哲学做成作为"严格科学"的现象学,它不是"某种关于事实的科学,而是关注于本质的存在的科学,后者致力于建立'本质的知识'"①。

在这种现象学中,经验对象只有通过"本质直观"后才有价值,"任何偶然事物都应有的意义在于……某种在它自身的纯粹性中被把握的本质或观念"②。现象学是关于这些本质的知识,特别是那些最具普遍性的事物,如物理对象、思想或价值的知识。这些本质有以下三个主要特点。第一,"本质的设定不包含任何个体存在的设定。"③也就是说,个体在现实中实存与否都不妨碍对其本质的设定。第二,本质不是一个心理学上的概念,也不是可以通过抽象过程后得到的如洛克的"一般观念"那样的心灵的概念。第三,本质只能通过非感官的理知直观到,它是与"对经验感官的'看'相区别的直接的'看'"④,即"本质直观"。

从本质的这三个特点看,胡塞尔的纯粹现象学的研究与经验科学完全可以脱节。"本质直观"不仅不要求我们"设定"现实的、物理的存在,相反,还要求我们必须拒绝这种要求(即"悬搁"一切外在实在实存与否的问题)和一切"自然态度"(即非反思的、直接面向世界的方式)。纯粹的现象学要关心的不是经验事实,而是对象之为对象的本质。为了获得"本质直观",现象学家必须搁置一切"自然存在"和摒弃所有的"自然态度",才能专注于纯粹的意识领域,才能做成"关于意识一般,关于纯粹意识的"科学。"胡塞尔早就强调现象学的(形而上学的)无前提性。现象学应该是对所显现之物(无论是主观行为还是世俗对象)恰到好处的忠

---

① Edmund Husserl, *Ideas : General Introduction to Pure Phenomenology*, Trans. W. R. Boyce Gibson, Collier Macmillan, 1962, p. 40.

② Edmund Husserl, *Ideas : General Introduction to Pure Phenomenology*, Trans. W. R. Boyce Gibson, Collier Macmillan, 1962, p. 40.

③ Edmund Husserl, *Ideas : General Introduction to Pure Phenomenology*, Trans. W. R. Boyce Gibson, Collier Macmillan, 1962, p. 47.

④ Edmund Husserl, *Ideas : General Introduction to Pure Phenomenology*, Trans. W. R. Boyce Gibson, Collier Macmillan, 1962, p. 75.

实描述，并且应该避免形而上学的和科学的预设和玄思。"①因为"所有关于是否有外在实在的问题，都被胡塞尔作为形而上学问题拒斥掉了……胡塞尔并不想致力于某种特定的形而上学……他想处理的是更具康德风味的形式问题，特别是关于知识的可能性条件问题"②。因此，形而上学中的本体论(ontology)问题[关于"存在(being)"的问题]也被胡塞尔"悬搁"起来了，他明确指出："在构成性现象学和相应的形式的和实质的本体论之间的这些互相关系，绝不意味着前者是以后者为基础的。"③也就是说，现象学是不需要本体论作为基础的，现象学不需要也不可能做出任何"本体论的承诺[奎因(W. V. O. Quine)语]"。

胡塞尔把对意识体验之现象学描述的结构性要求表述为："不把体验按照成分、复合结构、类和亚类，看作任何呆板的事实，如'内容复合体'，后者只存在着而不意味任何东西，不意指任何东西；而应当掌握本质上独特的问题系列，体验将这些问题呈现，并纯按其本质呈现为意向的体验，呈现为'对……的意识'。"④这实际上是在把意向性设定为一般理性结构之后，对意识行为之间本质关系的本质描述，而没有对这一设定本身的合法性、对行为的存在做进一步追问。胡塞尔现象学关心的是现象如何向意识呈现，而不是它们是否现实存在和如何存在的问题。对胡塞尔的这种撇开本体论问题的认识论至上的观念论，萨特在刚刚接触现象学时就非常不满，他在1940年的一篇日记中写道："他(胡塞尔)的哲学最终朝向观念论发展，这点我不能接受。"⑤后来在1947年法国哲学学会上宣读的论文中，他明确指出："我们在胡塞尔的著作中得到关于意

---

① [丹麦]丹·扎哈维：《胡塞尔现象学》，李忠伟译，上海译文出版社2007年版，第8页。

② [丹麦]丹·扎哈维：《胡塞尔现象学》，李忠伟译，上海译文出版社2007年版，第2页。

③ [德]埃德蒙德·胡塞尔：《纯粹现象学通论》，李幼蒸译，商务印书馆1996年版，第370页。

④ Edmund Husserl, *Ideas Pertaining to a Pure Phenomenology and to a Phenomenological Philosophy. First Book-General Introduction to a Pure Phenomenology*, Trans. F. Kersten, The Hague: Nijhoff, 1983, pp. 209-210.

⑤ Sartre, *War Diaries: Notebooks from a Phony War*, Trans. Q. Hoare, London: Verso, 1999, p. 184.

识的本质结构的逐步深入的阐明和出色的描述","但却从来没有提出本体论问题,也就是意识是如何存在的问题……同样,关于世界的存在的问题仍然悬而未决……我们从来没有从现象学还原回到世界上来"①。

正是在胡塞尔没有阐明的问题上,萨特表现出了特别的兴趣,这种兴趣在写作《存在与虚无》之前在他的其他早期著作中就已经初见端倪了。

在最早的《胡塞尔现象学的一个基本概念:意向性》一文中,萨特不仅对胡塞尔的意向性理论进行了重释与改造,而且还初步探讨了意识与世界的关系。首先,他指出意识的意向性揭示了世界的存在,但意识与世界是两种不同本性的存在。"你看到这棵树了吧,很好。但在它所在的地方看到它:在公路旁、在尘埃中,孤孤单单、弯弯扭扭地伫立在烈日之下,在距地中海岸二十多公里的地方。它不可能进入你的意识,因为它的本性和意识是不同的。"②其次,他认为意识不能吞噬世界,世界与意识在存在论意义上是对等的:"意识和世界是同时被给定的,从本质上来说是外在于意识的世界,是相对于意识的。这是因为胡塞尔从意识中看到了一种任何物理形象都表现不了的一个不可还原的事实。"③也就是说,世界的存在不能被还原为意识的存在,意识只能揭示世界的存在,通过意向性将世界如其所是地呈现出来。最后,他将意识与世界的关系概括为一种没有相互依存性的外在关系。意识总是关于世界的意识,世界通过意向性揭示,意识与世界是互相独立又相互关联的,但它们是一种外在关系:"我不能消失在它(树)身上,它也不能融入我之中:我在它之外,它在我之外。"④

---

① 转引自[美]赫伯特·施皮格伯格《现象学运动》,王炳文等译,商务印书馆 2011 年版,第 635 页。

② Sartre, *Une idée fondamentale de la phenomenologie de Husserl:L'intentionalité*, Situations philosophiques, Paris:Gallimard,1990,p. 9.

③ Sartre, *Une idée fondamentale de la phenomenologie de Husserl:L'intentionalité*, Situations philosophiques, Paris:Gallimard,1990,p. 9.

④ Sartre, *Une idée fondamentale de la phenomenologie de Husserl:L'intentionalité*, Situations philosophiques, Paris:Gallimard,1990,p. 9.

在《自我的超越性》一书中，萨特通过探讨意识与自我的关系，阐明了意识和世界在本体论上的差别："在意识中，一切都是清楚明晰的：对象带着其特有的不透明性面对意识。而意识，它纯粹简单的是作为对象意识的意识，这是它的实存规律（the law of its existence）。"①也就是我们在上一篇中所阐明的，萨特通过清除意识中的一切对象性存在（包括先验自我在内），说明了意识在本质上是透明的存在，世界是在意识之外的超越性存在。尽管该书没有直接阐述存在论问题，但它已经开始尝试对意识的结构进行层次上的划分，即分为未被反思的意识和反思的意识，这为后来的《存在与虚无》中意识的结构，即前反思的意识和反思的意识打下了基础，再者它通过现象学还原，将意识中的一切实体性的存在清除，从而将意识的自主性确立，为意识的本体论地位奠立了基础。因此，在某种意义上，此书可以视为萨特早期现象学本体论的开山之作。正如此书 2004 年英译版扉页中指出的那样："这部著作介绍了很多在萨特的主要著作《存在与虚无》中的中心议题：意识的本性、自身认识问题、他人之心和焦虑，展现了它们在萨特思想中从其职业生涯开始的呈现和重要性（presence and importance）。"②

事实上，在被施皮格伯格称作萨特的"现象学的心理学"③阶段的其他著作中，萨特也不同程度地显示了他对存在论问题的关注。在萨特1936 年发表的由写于 1927 年的巴黎高等师范学院毕业论文《心理生活中的影象：作用和本性》修改而成的《想象》一书的导言里，已经出现"自在"和"自为"这样的存在论概念，他指出，当我观察放在桌子上的白纸的时候，白纸的位置、形状等性质向我显现，这些性质既不取决于我也不取决于其他人的意愿，这种"惰性的在场"就是"自在存在"。而我的意识不

---

① Sartre, *The Transcendence of the Ego*, Trans. Forrest Williams, New York: Hill & Wang, 1991, p. 40.
② Sartre, *The Transcendence of the Ego*, Trans. Andrew Brown, London: Routledge, 2004.
③ ［美］赫伯特·施皮格伯格：《现象学运动》，王炳文等译，商务印书馆 2011 年版，第 646 页。

能转化为一个物,我的意识转化为自在的方式就是"自为的存在"。自为"是自己规定自己存在的存在",虚无就是通过自为对存在提出疑问的。"我们于是能够从根源上设定两种类型的实存。"①这部著作是围绕着作为想象的意识的结构、想象与其对象的存在关系等有着深刻本体论意蕴的问题展开的。正如中文版译者杜小真在序言中所说:"在这个时期,萨特强烈希望把现象学和他对人的存在的领会和感悟结合起来。"②

笔者认为,最早体现萨特对人的存在的本体论问题强烈关注的著作,应该是他1939年发表的《情绪理论纲要》一书,在该书中,他已透露出从单纯对意识的研究转向对人的存在论研究的倾向,"人的实在(human reality)"这一来自海德格尔的"此在(Dasein)"的概念多次出现。③

萨特认为,心理事件或现象的研究要把理解"人的实在"作为起点,因为它们本质上是人对世界的反应,不能将之解释为经过现象学还原之后的纯粹意识,而应该是"直接的日常经验",这正是被胡塞尔还原之前的"自然态度"中的经验。选择直接的日常经验作为其现象学考察的起点,显现出萨特并不只是基于一种胡塞尔式的认识论兴趣,而是富含海德格尔式的存在论诉求。"被视为研究人的某些事实的学科的心理学不可能是出发点,因为我们所碰到的心理事实从来就不是它最初的东西。就心理事实的本质结构而言,它们是人对世界的反应;所以它们以人和世界为前提,如果人们不首先解释清楚人和世界这两个概念,那么心理事实就不能获得它们的真正含义。"④

在此书中,他对情感现象的研究,除了提供了诸多对具体情感体验

---

① 参见[法]让-保罗·萨特《想象》,杜小真译,上海译文出版社2008年版,第2页。

② [法]让-保罗·萨特:《想象》,杜小真译,上海译文出版社2008年版,第1页。

③ 如前一篇所述,在此著作中萨特首次提到海德格尔,并且受他的《形而上学是什么?》一文影响。关于此问题,还可以参考[美]伊森·克莱因伯格《存在的一代》,陈颖译,新星出版社2010年版,第159页。

④ Sartre, The Emotions: Outline of a Theory, Trans. Bernard Frechtman, New York: Citadel Press, 1993, pp. 10 - 11.

类型的详细的现象学描述之外,还从"人的实在"在世存在的方式出发为这些体验寻求生存论依据,试图从现象学立场上为情感理论奠基,给"情绪"以独特的存在论规定,即情绪是一种特殊的在世方式,一种有目的的应对世界的活动等等,主张既通过意识现象来研究人的实在,又通过人的实在来研究情绪这一意识现象,两者相反相成。"现象学家就意识或人的问题来探讨情绪,他不仅要告诉我们情绪之所是,而且还告诉我们情绪作为一种存在(a being)其特点之一在于能够受感动(being moved)之不得不所是。反过来,他就情绪问题来探讨意识和人的实在:要使情绪成为可能,或许甚至为使情绪成为必然,意识应该是什么?"①也就是说,他对一种能够为心理学奠基的现象学提出这样的要求:不再停留于胡塞尔式的对体验和意识行为的单纯的"功能描述",不再满足于对现象本身的描述,而是进一步为这些现象提供存在论依据。具体到对情感现象的分析,在情感体验的意向性结构分析之外,萨特开始关注情感体验之可能性的本体论条件,关心是否是人的实在结构本身使得情绪成为可能和如何使其成为可能。

总之,萨特在该书中论证了情绪是一种有意义的活动和它们意指着作为综合统一体的意识整体或人的实在。这实质上是萨特从现象学立场上试图为情感理论奠基,其切入情感问题的特殊角度,其给予意识或"人的实在"的独特的存在论规定,对"人的实在"与世界关系的独特认知,使得他对情绪与一般感受性的本性的理解,对各种具体情感体验类型的生存论解释,都可以被理解为一种建构"现象学本体论"的努力了。

这样一种超越纯粹现象学构想的诉求在《存在与虚无》中表现得更为明确。在这本以"现象学本体论"为副标题的著作中,萨特为自己设定的最主要目标是确定自为存在与自在存在这两种存在方式的存在论特征及其关联,为我们的体验寻找生存论依据。在某种意义上,这可以视

---

① Sartre, *The Emotions: Outline of a Theory*, Trans. Bernard Frechtman, New York: Citadel Press, 1993, p. 15.

为最终导向一种为追寻人的存在的自由之本体论根源的思想方案。萨特也因此比以前的著作更为明确地表露出对胡塞尔现象学构想的不满,他指责后者依然狭隘地停留在纯功能描写的层次上,这种描写使其局限于对现象本身作出描述,并且把世界还原为意识。然而,在萨特看来,意识是一种"抽象物(the abstraction)",其中"隐含着自在存在领域的本体论起源",现象学应该以"具体物(the concrete)"为起点,而这些"具体物"只能是"世界上的人在人与世界的那种特殊统一之中的,例如海德格尔称之为'在世(being-in-the-world)'"的,所以应该考问"在世的人这个整体",回答"'在世(being-in-the-world)'的综合关系是什么"和"为了使这种关系成为可能,人和世界应该是什么"这两个问题。① 这说明萨特拒绝胡塞尔把先验意识作为解释一切现象的最终根源的主张,认为现象学应该建立在"人的实在"这个层次之上,正如施皮格伯格所评论的:"这正是现象学转变为一种研究人的存在的现象学的转折点,后者关注的是出现于具体的人的存在环境中的现象……"②

尽管如此,萨特对海德格尔"以此在的解释学为基础的现象学本体论"方案并非毫无异议,这突出表现在他把自己的论题集中于对"人的实在"存在方式的考察,并把改造后的"我思"作为这种考察的必然起点:他试图以意识概念替代海德格尔的"此在"概念,把海德格尔有意回避的意识概念,或者说一种意向性结构重新确立为"人的实在"存在中的核心因素。笔者认为,造成这种理论姿态的原因,在于萨特试图在"人的实在"的存在中揭示一种原初的自主性,以最终证明人对于自身存在的绝对自由和责任,而这种原初的自由自主性在"人的实在"的存在结构中有其根源。

更具体地说,萨特和海德格尔在本体论上的旨意是有很大的差异

---

① 参见 Sartre,*Being and Nothingness:A Phenomenological Essay on Ontology*,Trans. Hazel E. Barnes,New York:Washington Square Press,1993,pp. 3 - 4.

② [美]赫伯特·施皮格伯格:《现象学运动》,王炳文等译,商务印书馆 2011 年版,第 669 页。

的,萨特指责海德格尔"对此在的描述中完全避免求助于意识"。在他看来,海德格尔虽然"赋予了人的实在一种对自我的领会(understanding),并把自我规定为人的实在对于自身固有的可能性的谋划",却没有强调这样一种领会必须表现为"(对)正在领会(的)意识",即没有在"人的实在"的存在中突出其"面对自身存在"的本质结构,从而无法保障"人的实在"的虚无化建立在"操心(care)"的体验之上。① 在偏向于胡塞尔的立场上,萨特把海德格尔思考中表现出的这些缺憾归因于"解释性描述的不足"。在更进一步的意义上,他指出海德格尔从未提及人除了是一种对于存在有所领会、有所承担的存在者,而且也是一种由于其谋划而使世界产生根本改变的存在者:"把自为描述为超乎自在存在之外简单地谋划它的可能性,那还是不够的。对这些可能性的这种谋划不是静止地规定世界的外形,它每时每刻都在改变世界。"②虽然海德格尔并没有排斥这样一种论断,但是他对"存在真理"(即追问"存在的意义"之于"我思"的优先性)、对"世界"之于"我的世界"优先性的强调,与萨特专注于强调意识的绝对性,旨在揭示人的本体论上的自由之立场有着明显的差别。

在对胡塞尔的纯粹现象学与海德格尔的现象学解释学批判性继承的基础上,萨特在《存在与虚无》的导言中阐明了其对作为现象学的本体论的独特理解。

首先,萨特认为,传统哲学的显现与本质的二元论是错误的,这种理论认为现象背后隐藏着一个本质,本质是现象的基础,而现象是本质的显现。现象学用现象一元论来取而代之是一种进步。

传统本体论认为,现象的存在要求一个隐藏在其后的本质来解释它

---

① 参见 Sartre,*Being and Nothingness：A Phenomenological Essay on Ontology*,Trans. Hazel E. Barnes,New York：Washington Square Press, 1993, p. 85。

② Sartre,*Being and Nothingness：A Phenomenological Essay on Ontology*,Trans. Hazel E. Barnes,New York：Washington Square Press，1993,p. 556.

的存在。其一,从认识论上来说,意识不能正确理解对象是什么,这就需要隐藏在其后的本质来说明意识为何是发生认识错误的原因,即意识为何没有认识到本质,以至于发生认识上的错误。萨特认为,这些观点与论证都成问题,无论从本体论上还是在认识论上来看,隐藏的本质都没有存在的必要。

其二,从本体论上来说,现象与本质的区分应该被消除,存在的现象就揭示了真正之所是。"它(意识)不需要表明它背后有一个真实的,对它来说是绝对的存在(being)。现象是什么,就绝对是什么,因为它就是像它所是的那样的自身揭示。我们之所以能对现象作这样的研究和描述,是因为它是它自身的绝对的表达。"①

其次,从认识论的角度来说,萨特认为,形成现象与本质二元论是因为我们常常对对象有错误的认识。为了解释认识论上的错误,我们推断在事物背后有一个真正的、隐藏的本质,只是由于我们没有正确地揭示这个本质,从而不能正确地认识对象。但是,我们即使不用这样的假设,同样可以解释认识上的错误、假象产生的原因。胡塞尔现象学想消除存在与本质的二元论,还原存在为现象,但它引入了一个新的二元论,即现象显现的有限与无限的二元论。因为,现象总是面对意识显现,而意识与现象的关系是无限多样的,是变动不居的,意识不会穷尽所有的描述现象和考察现象的方式,意识总是可以不断地从新的角度、新的方式来观察对象,因此只要意识存在,那么显现实际上就是一个显现系列,一个无限的系列。"对象整个地在其外,是因为这个系列本身永远不会显现,也不可能显现。"②但这并不是说在现象无限系列背后隐藏着所谓的未被认识的本质,如康德那样从现象返回本体,而是说除了这个现象之外还

---

① Sartre, *Being and Nothingness : A Phenomenological Essay on Ontology*, Trans. Hazel E. Barnes, New York : Washington Square Press, 1993, p. xlvi.

② Sartre, *Being and Nothingness : A Phenomenological Essay on Ontology*, Trans. Hazel E. Barnes, New York : Washington Square Press, 1993, p. xlvii.

有另外的现象，但现象背后什么都没有。

因此，萨特认为现象和本质的二元对立应该消除，"显象
（appearance）并不会掩盖本质，它揭示本质，它就是本质。一个存在物
（an existent）的本质不再是深藏在这个存在物内部的特性，而是支配着
存在的显象序列的显现法则"①。也就是说，在萨特看来，现象学的本质
就是相互联系在一起的显现系列，而不是隐藏在显象背后的作为事物存
在支撑的本质。

在此基础上，萨特进一步对胡塞尔的纯粹现象学进行改造，他对"现
象"的"自明性"和"绝对被给予性"提出了自己的质疑。萨特指出，虽然
现象学将存在还原为显现的现象，成功地避免了现象与本质的二元论，
但这种还原并不能让我们一劳永逸地停留在此。还原只是我们漫长路
途的第一步，因为显现自身并不是如白纸黑字一般清晰明白、一览无余
地那样呈现，显现总是对意识的显现，然而，由于意识与显现关系的多样
性，显现自身就是一个无限的系列。这也就是说，虽然萨特接受了胡塞
尔的还原方法，但他并不同意将"存在"问题悬搁起来，还原只是将存在
还原为现象，消除了本质和现象的二元分立，但"显现的存在"问题并没
有随着还原而被消除。在萨特看来，虽然胡塞尔认为"显现"具有"自明
性"和"绝对被给予性"，但这并未消除显现它的无限性，显现的有限与无
限的二元论只能放到"显现的存在"这一本体论的框架中才能得到合理
的解释。既然现象如此复杂，若我们不继续对"显现的存在"问题做一番
探究，那么现象学的还原只会沦为空洞的方法，而失去其实际的内容和
价值。这就是萨特在《存在与虚无》的导言中将"显现的存在"的"合法性
（legitimate）问题"②作为探索存在与虚无的出发点的缘由。

---

① Sartre, *Being and Nothingness：A Phenomenological Essay on Ontology*, Trans. Hazel E.
Barnes, New York：Washington Square Press, 1993, p. xlvi.

② Sartre, *Being and Nothingness：A Phenomenological Essay on Ontology*, Trans. Hazel E.
Barnes, New York：Washington Square Press, 1993, p. xlviii.

　　萨特由此出发,区分了现象的存在和存在的现象。首先,现象的存在和存在的现象不同于本质和现象的关系,因此,尽管我们可以通过现象揭示本质,但不能通过现象揭示存在。而这里的本质并不是传统意义上的隐藏在现象背后的本质,而是"显现系列的原则",它同样是现象。正是在此意义上,萨特指出:"从单个对象到本质的过渡是从同质物(homogeneous)向同质物的过渡"①。萨特此时特别提到了胡塞尔的本质还原和海德格尔的"本体状—本体论(ontic-ontological)"的"人的实在",他认为这都是从现象过渡到本质的方式,但并非是真正的存在的过渡:"这样达到的存在的现象与现象的存在是同一的吗? 问题不难解决:胡塞尔指出过本质的还原怎样始终是可能的,即如何始终能够超越具体现象走向现象的本质。海德格尔也认为'人的实在'是'本体状—本体论的',就是说'人的实在'总是能够超越现象走向它的存在(its being)。但是从特定的对象到本质的过渡是从同质物向同质物的过渡。这和从存在物到存在的现象过渡是一回事吗?"②在萨特看来,胡塞尔和海德格尔都是将显现的存在与显现的本质混为一谈,并没有真正涉及存在问题。萨特认为,现象的存在是揭示存在的条件:"存在只是一切揭示的条件,它是为揭示的存在而非被揭示的存在。"③

　　再者,在萨特看来,若将现象的存在还原为存在的现象,那么就是把存在看成能以概念来确定的显现,也就是可以通过认识来确定存在。他明确指出:"现象的存在超出了人们对它的认识,并为认识提供基础。"④这也就是说,现象的存在属于本体论的范畴,而存在的现象属于认

① Sartre,*Being and Nothingness*:*A Phenomenological Essay on Ontology*,Trans. Hazel E. Barnes,New York:Washington Square Press,1993,p. xlviii.

② Sartre,*Being and Nothingness*:*A Phenomenological Essay on Ontology*,Trans. Hazel E. Barnes,New York:Washington Square Press,1993,pp. xlviii-xlix.

③ Sartre,*Being and Nothingness*:*A Phenomenological Essay on Ontology*,Trans. y Hazel E. Barnes,New York:Washington Square Press,1993,p. xlix.

④ Sartre,*Being and Nothingness*:*A Phenomenological Essay on Ontology*,Trans. Hazel E. Barnes,New York:Washington Square Press,1993,p. l.

识论的范畴,前者是后者的基础,通过后者并不能认识前者。

最后,虽然现象的存在超出了认识论的范畴,但它并非康德意义上的隐藏在现象背后的"自在之物"。萨特指出,虽然"现象的存在与现象的外延相同",当我们提到现象时,就是指现象存在,而非在现象背后还隐藏着所谓作为现象的支撑之本质。

综上所述,萨特通过现象学方法回到了本体论问题,即关于存在的问题。他认为,存在的问题不是传统意义上的"存在之存在",即那个作为一切存在基础和本质的存在,而是"现象的存在",即关于现象的存在方式以及现象是如何显现的问题,由此,形成了他独特的现象学本体论。

为了克服传统本体论的二元论,萨特指出要从"显现的存在"的"合法性(legitimate)"问题入手,他认为,这种合法性首先在于,"显现的存在"是对象对反思前的"我思"的显现。它首先不是一种对象性认识关系,这里没有主客两分,因为作为主体的"我"只在反思的"我思"中才出现,这里只有对象对意识的呈现,因此对象与意识只是一种存在关系。传统的二元论实际上是一种对象化的思维方式的结果,而对象性的思维是传统的认识论在认识当中对思维进行反思性把握的结果。比如笛卡尔在提出他的著名命题"我思故我在"的时候,在萨特看来,他就已经处于反思的认识论地基上了,凸显了反思性认识主体的存在,同时也把外在事物当成了一个处于"我思"主体对面的认识对象了。"正是非反思的意识使反思成为可能:有一个反思前的我思作为笛卡尔我思的条件。"①而萨特的整个本体论的起点恰恰就是对这种二元化认识论思想的摒弃。对他来说,首要的任务就是返回真正的现象学起点——反思前的"我思"的地基之上,从而把意识与具有实在内涵的心理进行彻底的区分。这里有两个基本的内涵:首先,萨特和胡塞尔一样,认为我们应该追随笛卡尔为我们开辟的"我思"之路;但是,和笛卡尔不同的地方在于,萨

---

① Sartre, *Being and Nothingness*: *A Phenomenological Essay on Ontology*, Trans. Hazel E. Barnes, New York: Washington Square Press, 1993, p. l.

特和胡塞尔都认为笛卡尔的"我思"概念是不纯粹的,需要进行现象学的纯化,即驱除笛卡尔"我思"概念中可能的心理化和实体化的倾向,使我们能真正达到先验意识,即纯思这个现象学起点。其次,和胡塞尔后期试图构造一种先验主体的思想不同,萨特坚持他所认为的意向性的根本内涵。在他看来,先验意识或者真正的"我思"仅仅是关于某物的意识,就其自身来说,并没有任何主体性的内涵,这种先验意识的根本特点是非反思的,而任何自我都是被我们反思性地建构出来的,都是一个超越的心理对象。而意识并不具有任何实质的先验内涵,从根本上来说,胡塞尔和笛卡尔都是处在反思性的认识论的地基之上,并没有真正抓住"我思"的最根本的特点——非反思性。意识在意识到某物时,同时是非反思性地意识到自身,所以"不应把(对)自身(的)意识(self-consciousness)看成一种新的意识,而应看成是对某物的意识成为可能的唯一实存方式(the only mode of existence)",只有这样才不会导致"重新陷入认识论至上的幻觉"①。总之,在萨特看来,如果我们返回真正的"我思"的地基之上,我们首先就脱离了认识论的二元化思维模式,意识及其相关物并不首先是作为某个明确的被认识的对象而呈现出来的,意识与其相关物首先处于一种存在论意义上的存在关系之中。而且更为重要的是,意识并不具有任何本质的规定性,它既不是笛卡尔哲学意义上的一个实体,也不是胡塞尔哲学意义上的先验主体,而首先只是与某物的一个具体的存在关系。只有这样,意识才能成为绝对的起点。"意识没有实体性,它就只有自己显现而言才存在,在此意义上,它是纯粹的'显象'。但恰恰因为它是纯粹的显象,是完全的虚空(既然整个世界都在它之外),它才能由于自身中显象和实存(existence)的那种同一性而

---

① Sartre, *Being and Nothingness : A Phenomenological Essay on Ontology* , Trans. Hazel E. Barnes, New York : Washington Square Press, 1993, p. liv.

被看成绝对。"①

　　笔者认为，与传统本体论不同的是，萨特的现象学本体论既是现象学的又是本体论的，是一种作为现象学的本体论。它始终坚持从"我思"，或者说是从意识出发，但这种作为出发点的"我思"不同于笛卡尔或胡塞尔的"我思"；它是反思前的"我思"；它不同于纯粹现象学将本体论问题转化为认识论问题，它首先考虑的是什么存在以及如何存在的问题，并且是从现象学角度考虑，即首先考虑对于意识来说，有什么存在对之显现，并且这种显现又是以怎样的方式实存。这就是为何萨特一再强调存在论要先于认识论，"由于放弃了认识的至上性，我们发现了认识者的存在(the being of the knower)，并发现了绝对"，然而"这里的绝对不是在认识的基础上逻辑地构成的结果，而是体验的最具体的主体。它完全不相对于这种体验，因为它就是这种体验"②。萨特的《存在与虚无》一书篇幅较大，又在现象学描述与本体论阐释之间穿插迂回，显得十分晦涩难懂。但笔者认为，只要抓住了萨特在考察人与世界、人与自我，还有人与他人的关系问题时，是从现象学本体论出发这样一个线索，也就是说，如果我们能从认识之前的主客未分的、反思前的"我思"即从认识前的存在体验出发来理解他的理论，就有可能准确把握萨特的逻辑。

第二节　自在与自为

　　萨特从现象学本体论上把存在分为两个绝对独立、不可交流的领域："反思前的我思的存在和现象的存在。"③在萨特看来，首先，我们必须

---

① Sartre, *Being and Nothingness：A Phenomenological Essay on Ontology*, Trans. Hazel E. Barnes, New York：Washington Square Press, 1993, p. lvi.

② Sartre, *Being and Nothingness：A Phenomenological Essay on Ontology*, Trans. Hazel E. Barnes, New York：Washington Square Press, 1993, p. lvi.

③ Sartre, *Being and Nothingness：A Phenomenological Essay on Ontology*, Trans. Hazel E. Barnes, New York：Washington Square Press, 1993, p. lxiii.

承认有现象的存在即自在之物的存在,不应该像胡塞尔的现象学那样对它们简单地进行悬搁或加括号。但是,如何能证明有自在之物存在呢?它有哪些现象学本体论上的特征呢?

首先,萨特拿出了一个简要的"本体论的证据(the ontological proof)"①,那就是意识的意向性。他认为意识是对某物的意识,它由一个不是自身的某物来支撑,要承认意识存在,首先就得承认某物存在,因为意识什么都不是,仅仅只是对某物的揭示,而这个某物在揭示之前就应该已经存在了,否则就不会有被意识揭示的存在的现象。这个被意识揭示之前就存在的某物本身是"自在(in itself)"②的。也就是说,意识要求和前设了现象的存在,意识提供了现象存在的本体论的证据。

接下来,萨特批判了在传统本体论上的"实在论"和"观念论"两种理论倾向,他认为,现象的存在不能作用于意识,所以可以据此消除现象和意识关系的"实在论";而反思前的我思的"自发性(spontaneity)"把主观性给予意识,意识不可能超出其主观性,并且不可能作用于超越的存在,因此也可以避免在此问题上的"观念论"③。也就是说,自在之物由于只是其自身,所以它不能作用于意识,我们由此可摆脱实在论的威胁,同时,由于意识和自在之物仅仅是一种存在关系,它也根本不能作用于完全是其自身的自在之物,所以我们也能摆脱观念论的嫌疑。因此,"我们似乎注定要把超越的存在和意识看成是两个封闭的、不能互相交流的整体",但是"在实在论和观念论之外,这个问题还可能有另一种解决办法"④。这个办法是什么呢?

---

① Sartre, *Being and Nothingness：A Phenomenological Essay on Ontology*, Trans. Hazel E. Barnes, New York：Washington Square Press, 1993, p. lx.

② Sartre, *Being and Nothingness：A Phenomenological Essay on Ontology*, Trans. Hazel E. Barnes, New York：Washington Square Press, 1993, p. lxii.

③ Sartre, *Being and Nothingness：A Phenomenological Essay on Ontology*, Trans. Hazel E. Barnes, New York：Washington Square Press, 1993, p. lxiv.

④ Sartre, *Being and Nothingness：A Phenomenological Essay on Ontology*, Trans. Hazel E. Barnes, New York：Washington Square Press, 1993, p. lxiv.

在告诉我们截然分立的两个存在领域如何联系的办法之前,萨特先从现象学的视角将两种存在类型即自在和自为的本体论特征做出了区分。也就是说,在现象学本体论的意义上,萨特认为有"自在"与"自为"这样两种存在方式。因为它们是两种不同存在对意识显现出来的不同类型的显象,所以它们是现象学的;但它们又是回答在最普遍意义上"什么存在"这一本体论问题的,所以它们又是本体论意义上的两类存在,"我们是从'显现'出发,继而提出了两种类型的存在:自在和自为"①。因此,笔者认为,我们不能将之简单地理解为主观与客观的存在或意识与物质的存在,如不能简单地解读为"'自在存在'是指人们的'感觉内容',是意识之外的不以人的意愿为转移的客观的现实的东西。而'自为的存在'则是意识"②。我们也不能将自在与自为简单地对应为对象与意识,如将之解读为"自在存在是现象的超现象性的一极,而另一极则是意识,或者说自为"③,因为在反思的情况下,被反思意识通过反思意识设定成"准对象"来把握,那么它的存在方式就是自在的。这些都是没有从现象学的角度去理解萨特时很容易出现的误解,这也是为何波伏瓦与让松一再提醒我们要从现象学角度去读萨特的原因。④

萨特认为,自在存在有三个本体论上的特征。首先它不像(对)自身(的)意识那样返回自身,它就是它自身,它是具有自身同一性的存在。自在存在本身是不透明的,因为它是自身充实的。这种存在更确切的表述是:"存在(being)是其所是。"⑤

---

① Sartre, *Being and Nothingness*：*A Phenomenological Essay on Ontology*, Trans. Hazel E. Barnes, New York：Washington Square Press, 1993, p. lxvii.
② 杜小真:《萨特引论》,商务印书馆 2007 年版,第 52 页。
③ 杨大春:《20 世纪法国哲学的现象学之旅》,社会科学文献出版社 2014 年版,第 250 页。
④ 请参考[法]西蒙娜·德·波伏瓦《盛年——西蒙·波娃回忆录》,陈欣章等译,江苏文艺出版社,1992 年版;以及萨特的学生让松的著作：Francis Jeanson, *Sartre and the Problem of Morality*, Bloomington：Indiana University Press,1980。
⑤ Sartre, *Being and Nothingness*：*A Phenomenological Essay on Ontology*, Trans. Hazel E. Barnes, New York：Washington Square Press, 1993, p. lxv.

首先,自在存在是"没有奥秘"的,它是"实心的",并且它是"一切综合中最不能分解的综合:自己与自己的综合",因此,"存在在其存在中是孤立的,而它与异于它的东西没有任何联系"①。其次,它不包含任何否定,它是完全的肯定性。因此它不知道"相异性",它永远不把自身当成异于其他存在的存在。它不能支持与其他存在的任何关系,所以也没有"关系性"。"它无定限地是它自身,并且消融在存在中",所以,它更没有"时间性"②。最后,自在存在既不能派生于可能,也不能归并到必然,它是"偶然的",并且"自在的存在是非创造的,它没有存在的理由,它与别的存在没有任何关系,它永远是多余的(de trop)"③。

萨特说以上这些就是对"存在的现象"进行现象学考察之后,给"现象的存在"规定的三个特点,可以总结为一句话:"存在存在。存在是自在的。存在是其所是。(Being is. Being is in-itself. Being is what it is.)"④

与自在相反的自为存在,情况要复杂得多,萨特在《存在与虚无》中用了大量的篇幅描述自为存在的本体论特征、它与自在存在的关系以及它本身的结构。

在《存在与虚无》的导论中,萨特在最后一小节阐释自在存在的本体论特征时,用一句话概括了自为存在:"与之(自在存在)相反,自为存在被规定为是其所不是,不是其所是。"⑤

具体来说,自为存在有以下本体论上的特征。意识是自为的存在,

① Sartre, *Being and Nothingness*: *A Phenomenological Essay on Ontology*, Trans. Hazel E. Barnes, New York: Washington Square Press, 1993, p. lxvi.

② Sartre, *Being and Nothingness*: *A Phenomenological Essay on Ontology*, Trans. Hazel E. Barnes, New York: Washington Square Press, 1993, p. lxvi.

③ Sartre, *Being and Nothingness*: *A Phenomenological Essay on Ontology*, Trans. Hazel E. Barnes, New York: Washington Square Press, 1993, p. lxvi.

④ Sartre, *Being and Nothingness*: *A Phenomenological Essay on Ontology*, Trans. Hazel E. Barnes, New York: Washington Square Press, 1993, p. lxvi.

⑤ Sartre, *Being and Nothingness*: *A Phenomenological Essay on Ontology*, Trans. Hazel E. Barnes, New York: Washington Square Press, 1993, p. lxv.

自为是自身呈现的,是自身觉知的。

如前所述,在《自我的超越性》中,萨特将意识分为三个层次,两种不同的存在形式,这三个层次是通过意识的"反思"活动得到区分的:首先是"前反思的意识"和"反思的意识"之间的区分,前者是对对象的意识活动,后者是将意识自身作为"准对象"的意识活动;其次是在意识的反思活动中将"进行反思的意识"和"被反思的意识"做出区分,此时的区分不再是强调意识以超越物为对象还是以自身为对象,而是将同一个意识"分裂"成本性上不同的两个方面,并且其中一项将另一项作为"准对象"来把握。

在《存在与虚无》中,萨特坚持此种区分,并且更清楚地说明了理由。他把意识对自身的呈现或对自身的在场表述为"(对)自身(的)意识"。但是,他指出,"对……的"这种表述仍然暗示着主客两分的、对象化的"认识论观念(the idea of knowledge)"①,因此不再适用,可将其放入括号中。萨特赞同胡塞尔的意向性理论,认为意识在本质上是以意向性为特征的,意识总是"关于……某物的意识"。但他同时还指出,一切意向行为都具有自身意识这一特征,也就是说意向性中已经包含了自身意识。自身意识是意识到某物的一个必要条件。意识设定性地意识到某物,同时就非设定性地意识到了自身。如果说我意识到一张桌子,却没有觉知到自己意识到这种意识,那么这种意识就是一种对它自身无知的意识,是一种无意识的意识,萨特认为"这显然是很荒谬的"②。

萨特指出,意向意识的存在方式是"自为的(for-itself)",也就是为自身的,是自身意识着的,是自身觉知的。一个经验意识的被给予性并不仅仅是经验的一种特性,而是经验的根本存在方式。正如广延的物体只

---

① Sartre, *Being and Nothingness*: *A Phenomenological Essay on Ontology*, Trans. Hazel E. Barnes, New York: Washington Square Press, 1993, p. liv.

② Sartre, *Being and Nothingness*: *A Phenomenological Essay on Ontology*, Trans. Hazel E. Barnes, New York: Washington Square Press, 1993, p. lii.

能以三维方式存在,一个经验也只能以自身意识的方式存在。例如,痛苦只能作为对自身的直接意识而存在。也就是说,处于痛苦中和感受到痛苦是同一个东西,它们是不可以被分离的。萨特认为,这个结论不仅适用于痛苦或愉悦等感受,还适用于一切意向行为。他说,这种自身意识不是"一种新的意识,而是使对某物的意识成为可能的唯一实存方式(the only mode of existence)"①。也就是说,自身意识是意识的实际存在方式,意识本身是自身呈现的,是自身在场的,从这个意义上说,意识与自身意识是同一的。所以,自身意识是意识的一种永久性特征,意识始终是自身意识的,是能觉知到自身的,它是作为意识的本体论基础的必然性,"自为的存在规律作为意识的本体论基础,就是在自身呈现(presence to itself)的形式下成为自身"②。

当然,这种自身觉知绝不是反思形式的自身觉知,而是前反思形式的自身觉知。因为反思总是通过认知的二元结构起作用的,而将这种二元结构引入意识的核心之中,其结果就是这样的两难困境,即我们要么面临着无穷回退,要么接受一个无意识的出发点,这个出发点也就是一个处于无意识状态中的反思行为。但这两种选择都不能解释自身觉知是如何产生的,所以都是不可接受的。正是在这个意义上,萨特说,原初的自身觉知是"自身与自身之间的一种直接的而非认识的关系"③。而笛卡尔的"我思"之所以可能,实际上预设了一个前提条件,即前反思的我思。"正是前反思的我思的意识使反思成为可能:有一个反思前的我思作为笛卡尔我思的条件。"④这样一来,在这里萨特仍然坚持《自我的超越

---

① Sartre, *Being and Nothingness*:*A Phenomenological Essay on Ontology*, Trans. Hazel E. Barnes, New York:Washington Square Press, 1993, p. liv.

② Sartre, *Being and Nothingness*:*A Phenomenological Essay on Ontology*, Trans. Hazel E. Barnes, New York:Washington Square Press, 1993, p. 77.

③ Sartre, *Being and Nothingness*:*A Phenomenological Essay on Ontology*, Trans. Hazel E. Barnes, New York:Washington Square Press, 1993, p. liii.

④ Sartre, *Being and Nothingness*:*A Phenomenological Essay on Ontology*, Trans. Hazel E. Barnes, New York:Washington Square Press, 1993, p. liii.

性》中的区分,意识具有两种不同的存在形式,前反思的和反思的。正如丹·扎哈维所正确评论的,现象学传统并非具有很高的同质性,它包含了诸多的差异,但现象学界的所有重要人物都赞同"体验维度的特征之一在于一种隐默的自身意识",如胡塞尔认为体验流的特点是"为自身显现","成为一个主体意味着处于觉知到自身的样态之中",在这些现象学家中,"萨特或许是最著名的现象学自身意识理论的捍卫者"①。因为萨特坚持意识任何时候都是对自身呈现的,无论是在前反思意识之中,还是在反思意识中都是如此,他强调原初的意识是自身意识,反对反思意识的优先性,主张一切意识都能觉知到自身,反对任何形式的"潜意识"的存在。

　　前反思的意识不依赖反思的意识,而反思的意识则一定是以前反思的意识为前提。这一点可以说与胡塞尔的观点有某种相通之处。因为在胡塞尔的现象学中,原意识和反思之间的关系是相辅相成的:一方面,没有先前的原意识,反思的回顾就无法成立;它就会没有反思的关涉对象。另一方面,虽然原意识必须通过反思才能被指出、被发现,但即使无反思,它也仍然在此未被发现状态中起着作用。也就是说,原意识只有通过反思才会被发现,但是它并不是通过反思产生的。在胡塞尔这里,反思必须以原意识为前提并因此而依赖原意识,而相反的情况是不存在的。② 与胡塞尔的理论相比较,萨特的自身意识理论,尤其是他关于前反思的自身意识的概念可以说是一个重大的突破。胡塞尔的观点归根结底是一种反思理论,因为他对于意识的全部研究都是基于一种预设,即意识是意识到某种不同于它自身的东西。基于这种意向性,胡塞尔从未摆脱自身意识的反思理论,对象—意向性结构始终是自身意

---

① 参见[丹麦]丹·扎哈维《主体性和自身性:对第一人称视角的探究》,蔡文菁译,上海译文出版社 2008 年版,第 13—14 页。
② 参见倪梁康《自识与反思——近现代西方哲学的基本问题》,商务印书馆 2002 年版,第407—408 页。

识的范式。他一直是用基于主—客二分的自身意识模式来进行操作的。这种二分暗示着意向者与被意向者之间的区别,所以胡塞尔并没有发掘出前反思的自身意识的存在。但是,在《自身意识和自身认识》一文中,萨特还是坦承他的自身意识思想来源于胡塞尔:"第一个回溯到这个非设定的自身意识之上,并在内时间意识中明确地标识出它的哲学家是胡塞尔。"①在《自我的超越性》中,萨特也承认胡塞尔在《内时间意识现象学》和《笛卡尔的沉思》中对前反思的意识的存在所进行的描述,但他也深刻地批判了胡塞尔的认识论至上和反思意识优先的立场,他不同意胡塞尔将前反思的自身意识规定为非关系的自身相合、自身同一性或绝对的自身在场。他的论证触及了意向性与自身意识之间的关系问题。因为在他看来,意向性与自身意识都是意识的本质性的特征,并且两者之间存在着相互依赖的关系,尽管它们之间有关键性的区别。②

在《存在与虚无》中,萨特进一步深化了这一观点,他认为意向性的确包含了自身觉知,但同时他还提出了相反的一个论题:如果意识是设定地觉知到什么东西,则它只可以是非设定地觉知到它自身;意识之所以获得自身觉知,正是由于它意识到了一个超越的对象。这个论题的合理性用最简单的方法来阐释就是:如果我没有意识到什么东西,那么我就不具有那种自身觉知的东西,即意向性的经验。萨特还进一步指出,意识的自身透明性本质上取决于它的自身超越性。因此,萨特对意向性的解释是极其彻底的:意识具有意向性,这恰恰说明意识之中没有任何内容。正是出于这个理由,萨特强烈反对胡塞尔的质素(hyle)概念,"胡塞尔以为把物的特性和意识的特性给予了这种'质素(hyle)',会有助于两者的过渡。但是他只不过创造了一个混合

---

① 转引自倪梁康《自识与反思——近现代西方哲学的基本问题》,商务印书馆 2002 年版,第 572 页。
② 参见 Sartre, *The Transcendence of the Ego*, Trans. Forrest Williams, New York: Hilland Wang, 1991, pp. 39 - 45。

(hybrid)的存在,这种存在既遭到了意识的否定,又不能作为世界的一部分"①。他认为,意识之中什么也没有,既没有对象,也没有心理表象。意识是完全虚空的,正由于这个原因,所以意识才是自身觉知的,才是彻底自身透明的。如果我们否认意识具有意向性,也就是否认意识的自身觉知,因为将任何心理内容引入意识之中,就会使意识蒙受一种不透明性,而这毫无疑问将会干扰、阻碍并最终破坏意识的透明性。可见,说意识具有意向性也就是肯定了意识根本的虚无性及非实体性。对于萨特来说,意向性意识的存在就在于,它能够揭示出它所不是的对象,而这种揭示是以否定的方式进行的,即将对象把握和确定为意识所不是的东西。

这就是萨特给出的自为存在的第二个本体论特征——否定性,即自为的意识是否定性的存在,并且这种否定是意识的内在否定。

在上一篇中,我们已经清楚地看到,萨特把胡塞尔的意向性概念改造成一种"超越性",而这种"超越性"也是一种"相异性",一种"否定性":"意识必须作为关于某个异于自身之物而存在的必然性,胡塞尔称之为'意向性'。"②也就是说,在萨特看来,意向性就是意识与对象的关系,这种关系首先应该是"异于"的关系,或者换言之,是否定关系。意向性原则内在地包含了对象和意识在本体论上的差异,这种差异不可能来自对象,因为对象存在是自在的,在自身的,它不可能越出自身的存在,所以它不包含任何否定,它是完全的肯定性,它不知道"相异性",它永远不把自身当成异于其他存在的存在。它不能支持与其他存在的任何关系,它没有建立关系的可能,它不存在"关系性"。

意识的这种"否定"也非来自第三者。来自第三者的否定判断,如我

---

① Sartre, *Being and Nothingness: A Phenomenological Essay on Ontology*, Trans. Hazel E. Barnes, New York: Washington Square Press, 1993, p. lix.

② Sartre, *Une idée fondamentale de la phenomenologie de Husserl: L'intentionalité*, Situations philosophiques, Paris: Gallimard, 1990, p. 11.

们说一个墨水瓶不是一只鸟,墨水瓶和鸟都不会因为这个陈述而有任何的改变。它们依然是其所是,不仅彼此独立,而且还独立地朝向它们的可能的意向。萨特称这种通过第三方见证人建立的关系为"外在关系"①,即由第三方在两个存在者之间建立的纯粹外在的联系。

"否定性"既不可能由对象产生,也不可能由第三方建立,因此,"否定性"只可能来自意识。当面对对象时,意识不得不将自身确立为"不是对象"。"意识是对于某物的意识。这意味着超越性是意识的构造性结构,也就是说,意识生来就支撑于一个并非意识自身的存在之上。"②也就是说,当面对一个超越的存在物时,意识不得不将自己构建为"不是此物";当面对一个超越的性质,例如红色时,意识不得不将自己构建为"不是红色"。萨特将意识的这种建构自身为对象的否定性存在定义为"内在否定"。"事实上正是从其所不是的存在出发,一个存在才能使自己认识到其所不是。这意味着,在内在否定的情况下,正是在那里,在它所不是的存在之中和之上,自为显现为其所不是的存在。在此意义下,内在否定是一种具体的本体论联系。"③自为是根据外部事物将自身构造为对这个事物的否定,因此自为与自在的存在关系首先是否定关系。我们可以用否定的方式来定义意识:意识不是它所揭示的超越之物。"我们把内部否定理解为两个存在之间的这样一种关系,即被另一个存在所否定的存在通过自身的不在场,在其本质的中心规定了另一个存在。否定因而变成了一种根本的存在关系,因为支撑否定的存在中至少有一个是指向另一方的,它在自己的中心默认另一方的缺席。"④也就是说,内部否定

① Sartre, *Being and Nothingness*: *A Phenomenological Essay on Ontology*, Trans. Hazel E. Barnes, New York: Washington Square Press, 1993, p. 85.

② Sartre, *Being and Nothingness*: *A Phenomenological Essay on Ontology*, Trans. Hazel E. Barnes, New York: Washington Square Press, 1993, p. lxi.

③ Sartre, *Being and Nothingness*: *A Phenomenological Essay on Ontology*, Trans. Hazel E. Barnes, New York: Washington Square Press, 1993, p. 176.

④ Sartre, *Being and Nothingness*: *A Phenomenological Essay on Ontology*, Trans. Hazel E. Barnes, New York: Washington Square Press, 1993, p. 175.

其实连接或沟通了意识与对象：它们之间的最原初关系就是否定性。正是由于这种内部否定，意向性才得以可能，一般而论的认识或经验也才得以可能。

也正是在这个意义上，意识才需要意向性，需要面对某种不同于它自身的东西，以便是自身觉知的，否则它就会失去一切规定性，消失于纯粹的虚无中。"否定因此就是明确无误的，而且构成了被感知的对象和自为之间的存在联系。自为只不过是对这个半透明的对象的虚无化，即对被感知事物的否定。"①所以，"我们并不需要问为什么会有意识产生的问题，因为意识只能作为自在之虚无化过程才能向自身显现，就是说作为已经产生的存在"②。因此，在萨特看来，意识只有通过一条否定之路才会将它自身给予它自身。原本的自身觉知是一种前反思的觉知，即意识觉知到它不是它所意向性地意识到的那个对象。通过以上陈述，我们知道萨特主张自身觉知与自身超越性之间具有相互的依赖性，因此自身觉知不能等同于纯粹的自身在场。自身觉知依赖它与某种不同于它自身的东西的关系。萨特不仅声明，不能把前反思的自身觉知理解成对自身的自足的专注，而且他还声明，自身觉知与严格的自身同一性是不相容的，自身觉知依赖不同于它自身的存在。这一点似乎有些令人困惑，事实上，它涉及一个奠基性的问题：前反思的自身觉知的内部分化。这如何理解呢？

如前所述，萨特所理解的"对自身在场（presence to self）"概念实际上意味着某种二元性，意味着一种分离。"面对自身的在场假定了有一道不可触知的缝隙（an impalpable fissure）潜入存在。如果它是面对自身的在场，就是因为它不完全是自身。在场（presence）是同一性

① Sartre, *Being and Nothingness*: *A Phenomenological Essay on Ontology*, Trans. Hazel E. Barnes, New York: Washington Square Press, 1993, p. 140.

② Sartre, *Being and Nothingness*: *A Phenomenological Essay on Ontology*, Trans. Hazel E. Barnes, New York: Washington Square Press, 1993, p. 139.

(coincidence)的一种直接的消解,因为它是以分离为前提的"①。意识是与它自身间隔有距的或分离的。意识是其所不是,不是其所是,它使它自身虚无化,它不是与它自身同一的。萨特认为,尽管客体对象的存在具有充实性、确实性、自身充足性与自身同一性的特点,例如,一张纸纯粹就是一张纸,它不知道什么他异性,不能涉及作为他者的东西,"它永远不能把自身设定为他者即异于自身的另一个存在"②;但是,自为的存在则不然。自身觉知与自身同一性是不相容的规定,萨特因此对同一律的合法性提出了质疑,他认为自身觉知预设了意识存在之中的一道小小的裂缝、分离,甚至二元性。正是这种断裂产生了自身。当萨特谈到意识中具有某种断裂或分离时,他所指的并不是说意识被某物(some-thing)与它自身分离开了,因为将任何实在的不透明性引入意识中都会使意识一分为二,这样就是用两个分离对象的二元性来取代意识二分的统一体。但萨特的观点不是这样,他要表达的实际上是,意识是被无物或者虚无(no-thing)与它自身分离开了。"如果我们要问是什么把主体和他自身分离开,我们不得不承认是虚无(no-thing)。"③换言之,这里所说的分离,是一种内部的分化或否定。

总之,从本体论上来说,意识是对某物的意识,这种意识的存在就是自为,和自在之物的"是其所是"不同,它"是其所不是,不是其所是";意识就是和自在之物的存在关系,或者说,没有自在之物这个和自为完全不同的存在,意识本身就什么也不是。自在之物由于只是其自身,它不能作用于意识或自为的存在。面对萨特为我们提供的这种现象学本体论,我们的问题是:这种不能互相作用,同时又似乎互相依存的自为的存

---

① Sartre, *Being and Nothingness*: *A Phenomenological Essay on Ontology*, Trans. Hazel E. Barnes, New York: Washington Square Press, 1993, p. 77.

② Sartre, *Being and Nothingness*: *A Phenomenological Essay on Ontology*, Trans. Hazel E. Barnes, New York: Washington Square Press, 1993, p. lxvi.

③ Sartre, *Being and Nothingness*: *A Phenomenological Essay on Ontology*, Trans. Hazel E. Barnes, New York: Washington Square Press, 1993, p. 77.

在和自在的存在，它们之间到底是什么样的关系？自在的存在和自为的存在是一种新的二元论吗？

在萨特看来，这并不意味着一种新的二元论，因为所谓的二元论实际上是一种对象化的思维方式的结果，而对象性的思维是传统的认识论在认识当中对思维进行反思性把握的结果。而萨特的整个本体论的起点恰恰就是对这种二元化认识论思想的摒弃。对他来说，首先一个任务就是返回到真正的现象学起点——"我思"的地基之上，从而把意识与具有实在内涵的心理进行彻底区分。这里有两个基本的内涵：首先，萨特和胡塞尔一样，认为我们应该追随笛卡尔为我们开辟的那条"我思"之路；但是，和笛卡尔不同的地方在于，萨特和胡塞尔都认为笛卡尔的"我思"概念是不纯粹的，需要进行现象学的纯化，即驱除笛卡尔"我思"概念中可能的心理化和实体化的倾向，使我们能真正达到先验意识，即纯思这个现象学起点。其次，和胡塞尔后期试图构造一种先验主体的思想不同，萨特坚持他所认为的意向性的根本内涵。在他看来，先验意识或者真正的"我思"仅仅是关于某物的意识，就其自身来说，并没有任何主体性的内涵，这种先验意识的根本特点是非反思的，而任何自我都是被我们反思性地建构出来的，都是一个超越于意识之外的存在。萨特认为，从根本上来说，胡塞尔和笛卡尔都是处在反思性的认识论的地基之上，而没有真正抓住"我思"的最重要的特点——非反思性。只有返回真正的"我思"的地基之上，才能脱离认识论的二元化思维模式。意识的相关物首先不是作为某个明确的被认识的对象向意识呈现，而是首先处于一种与意识的存在关系之中。而且更为重要的是，意识并不具有任何本质的规定性，它既不是笛卡尔哲学意义上的一个实体，也不是胡塞尔哲学意义上的先验主体，而首先只是与对象的一个具体的存在关系，这种关系就是意识与对象在存在论上的否定性关系。因此，自在存在与自为存在没有孰先孰后、哪个是第一性的区分，萨特认为它们是互相纠缠在一起的："如没有这个意识在其所不是的形式下成为其所是的存在，意识就不成为意识,即欠缺。相反,正是从存在那里意识为自己获得了意识的意义。存在和意识同时既在意识深处又在意识之外涌现,它是绝对内在性中的绝对超越性,它对意识没有优先特权,意识对它也没有优先特权。它们形成了一个二分体(dyad)。当然,没有自为,存在不能实存(exist);但同样,没有存在,自为也不能实存。"①

第三节 自为与虚无

萨特在对传统本体论进行现象学的改造中,区分了两种存在:自在的存在和自为的存在,这种区分是从本体论层面上做出的,因为它揭示了每一种本体论范畴的存在都具有的共同的基础的本体特征。概括来说,自在存在"是其所是",而自为存在应该是"(1)不是其所是;(2)是其所不是;(3)在一种永恒的回归的统一之中,是其所不是,又不是其所是",而在这种自为的本体论结构中,能够"昭示虚无化(nihilation)的原初意义,又代表了最小的虚无化"②。也就是说,在萨特看来,自为存在的本体论结构中有一种"虚无化"的意义,一种"虚无化"的能力,它能使其"是"成为其"不是",让其"不是"变为其"是",而这种"虚无化"的意义和能力来自意识原初的"虚无(nothing)"。意识原初的"虚无"是自为对自身在场和内在否定得以可能的基础,它使自在存在得以揭示,使自在与自为两个独立的存在领域得以联系,它是自为存在的绝对自由的本体论根源。

如前所述,在萨特看来,前反思的意识是意识的基础,"它规定了意识存在本身"③。而前反思的意识在本体论上是一种非设定性的意识,它

① Sartre, *Being and Nothingness: A Phenomenological Essay on Ontology*, Trans. Hazel E. Barnes, New York: Washington Square Press, 1993, p. 91.

② Sartre, *Being and Nothingness: A Phenomenological Essay on Ontology*, Trans. Hazel E. Barnes, New York: Washington Square Press, 1993, p. 137.

③ Sartre, *Being and Nothingness: A Phenomenological Essay on Ontology*, Trans. Hazel E. Barnes, New York: Washington Square Press, 1993, p. 76.

不需要借助与对象的关系来定义自身，它是"非实体性的"①，既没有对象，也没有内容。所有的存在，无论是物理的，还是精神的，无论是想象的，还是知觉到的，统统都在意识之外，无物存在于其中，它是一种空无（no thing），任何对象性的存在都在它之外，所以它在本质上是虚无。

前反思的意识在本体论上是虚无，它先于反思的意识，是主客两分之前的意识存在，是一种直接对对象的揭示，正因为它是虚无，是无内容的空无，它才能朝向对象、揭示对象。它在朝向对象、揭示对象的同时，是一种自身觉知，是自己与自身的直接的、非认知性的关联，所以不能用对象的形式来描述它，也不能以对象的形式来思考它，只能将之把握为非范畴或者是非概念化的，正如 Dan Zahavi 所理解的那样，萨特的前反思意识"是一种直接的、潜在的、非关系性的、非设定性的自身觉知（Self-Awareness）"②。萨特指出，在前反思意识的虚无中的间隙不是因为对象进入意识而产生的，因为当任何对象性的存在进入意识都将破坏意识的透明性，破坏意识的统一性。这种间隙是，而且也只能是意识自身的分裂，但实际上它并没有分裂任何事物，分裂只是虚无的分裂，而这种分裂也没有给意识本质的虚无"增添"任何东西，意识的虚无可以在分裂的同时保持自身的统一。在此意义上，萨特说："如果我们要问是什么把主体和他自身分离开，我们不得不承认是虚无（no-thing）"③。

在意识的本体论的虚无中存在着间隙，它才能对自身觉知，意识永远不能与自身统一，与自在存在相反，它是自身非同一性的存在。"自在是它自身的充实……在它的存在中没有任何一点空无，也没有任何虚无能得以滑入的裂缝。相反，意识的特征就在于存在（being）的减压

① Sartre, *Being and Nothingness*: *A Phenomenological Essay on Ontology*, Trans. Hazel E. Barnes. New York: Washington Square Press, 1993, p. lvi.

② D. Zahavi, *Self-Awareness and Alterity*: *A Phenomenological Investigation*, Evanston: Northwestern University Press, p. 33.

③ Sartre, *Being and Nothingness*: *A Phenomenological Essay on Ontology*, Trans. Hazel E. Barnes, New York: Washington Square Press, 1993, p. 77.

(decompression)。事实上不可能将其定义为自身同一性的存在。"①也就是说,意识与自身永远是间隔有距的,正是它与自身的距离使得意识总是能面对自身在场,将自身呈现给自身,这自身呈现说明意识总是能意识到自身。"自为应该是其固有的虚无。作为意识的存在,就是面对自身在场相距自身而存在,而这个存在带到它存在中去的缥缈的距离,就是虚无。"②这也反过来论证了萨特的意识作为自为存在总是自身觉知、自身在场的,意识总是对自身的意识的观点。再者,意识与自身总是存在一定的距离,它永远是变动不居的作为意识流的存在,正是这种距离使得意识能从自己的存在中抽身而去成为新的存在,这是它原初的自由的本体论根源。它总是要虚无化自身,所以"自为不得不永远在一个对它自身而言是彼在(elsewhere)的形式下存在,作为一个永远要在自身中打破自身的状态下的存在(being)而实存(exist)"③。

萨特的前反思的意识意味着意识总是对自身的意识,面对自身就意味着一种二元性,那么"它怎么能够因为是自为就成为其自身虚无的基础呢"? 萨特说:"答案就在问题中。"④在他看来,前反思的意识的自身意识,指的是意识与自身之间的一种关系,这种关系项的双方应该是同一的,它们可以互相过渡到另一方:"(自为)这种不坚实并不推向另一个存在,它只是不断地从自身推向自身,从反映推向反映者,从反映者推向反映(of the reflection to the reflecting, of the reflecting to the reflection)。"⑤就是

① Sartre,*Being and Nothingness*:*A Phenomenological Essay on Ontology*,Trans. Hazel E. Barnes,New York:Washington Square Press,1993,p. 74.

② Sartre,*Being and Nothingness*:*A Phenomenological Essay on Ontology*,Trans. Hazel E. Barnes,New York:Washington Square Press,1993,p. 78.

③ Sartre,*Being and Nothingness*:*A Phenomenological Essay on Ontology*,Trans. Hazel E. Barnes,New York:Washington Square Press,1993,p. 78.

④ Sartre,*Being and Nothingness*:*A Phenomenological Essay on Ontology*,Trans. Hazel E. Barnes,New York:Washington Square Press,1993,p. 80.

⑤ Sartre,*Being and Nothingness*:*A Phenomenological Essay on Ontology*,Trans. Hazel E. Barnes,New York:Washington Square Press,1993,p. 78.

说，自为可以如映现自身的影像一般来求得自身同一。但这种同一又是有区分的，这种区分是靠自身不断地虚无化来进行的统一的二元性："如果存在（being）实际上是身为它自身存在的虚无化（nihilation）的虚无（nothingness）的基础，这并不是说它是它的存在的基础。为了奠定自己的存在，它必须相距自身而实存（exist），这意味着某种作为奠定者的存在导致被奠定的存在的虚无化，意味着一种可能成为统一的二元性。"①

前反思的意识之所以是自身意识，因为它是一种意向性，是对某物的意识，是对自在的揭示。或者说，没有自在存在就没有意识对自在存在的揭示，也没有意识对自在存在的虚无化。意识只能作为自在之虚无化过程才能向自身显现，才能面对自身在场，所以，在此意义上，前反思的意识面对自身存在是与自身相分离的，有差异的，又在面对对象存在上相统一，因此它是在差异中的统一，又在这种统一的过程中不断地虚无化自身成为与自身有差异的存在，"虚无是存在的孔洞（ hole of being）……这个虚无只有当它依赖的实存（existence）与存在的虚无化的活动相关联才可能'成为被存在（be made-to-be）'。这个不断的、自在由之降格（degenerate）为面对自身在场的活动就是一种本体论的活动"②。

在这种自为的本体论的活动中，存在着一种"萨特式"的辩证法，正如 Gerhard Seel 所解释的：我们可以先假设，虚无是"反映—反映者"的两极中的一个，萨特先将另一个规定为存在。正是在存在这个部分出现了距离，而虚无则是创造出距离的部分。一方面，存在是"被虚无化的自在"，另一方面，虚无是虚无着的虚无。但存在已经是意识以外的自在的虚无化，因此，如果用黑格尔辩证法的方式去理解的话，那"反映—反映者"的结构的两个部分就被区分为"否定"与"否定之否定"。所以，如果

---

① Sartre, *Being and Nothingness*: *A Phenomenological Essay on Ontology*, Trans. Hazel E. Barnes, New York: Washington Square Press, 1993, p. 80.

② Sartre, *Being and Nothingness*: *A Phenomenological Essay on Ontology*, Trans. Hazel E. Barnes, New York: Washington Square Press, 1993, p. 79.

我们将存在与虚无这两个环节加以对照的话,我们会发现自为的虚无化确定所有存在方式的形式原则:"虚无在这个结构中出现了两次,首先它是已经分化的部分(被虚无化的虚无),然后是分化的原则(虚无化的能力)。它通过打破与自身的同一,构成了与自身的关系。由此也确立了意识的自我确定的原则:'通过自身确定自身'。"①

正因为自为的这种虚无辩证法使得它的内部否定得以可能。意识是虚无,整个世界都在意识之外,它是对某物的意识,是一种意向性,那么它就不是某物,意向性意味着否定性,并且是意识的内在否定。当意识面对对象时,意识不得不将自身确立为"不是对象",意识将自身建构为对象的否定性就是意识的"内在否定"。内部否定其实连接了意识与对象:它们之间的最原初关系就是否定性。正是由于这种内在否定,意向性才得以可能,一般而论的认识或经验也才得以可能。意识与对象之间的内在否定关系具有一种"先验的"地位和作用,因为经验生活中的一切否定都是人对某一事物或事态的界定或认识。萨特也把内在否定叫作"原初否定(the original negation)"和"纯粹否定(pure negation)","作为认识基础的在场的原始关系就是否定……否定来自自为本身……正是自为通过原初否定(the original negation)使自己不是事物",这意味着自为只能按使自己被反映为不是某个存在的反映的方式存在,某物就是那个使得"反映—反映者"这二元不崩溃于虚无之中的存在,"它(自为)就是纯粹否定(pure negation)"②。正如 Dan Zahavi 所说:"意识离开了它所揭示的超越对象的存在,它就什么都不是。正是在这个很强的意义上,意识才需要意向性,意识要自身意识,它就需要面对不同于自身的某

---

① 参见 Gerhard, *La Dialectique de Sartre*, Eliane Muller, Marc Reinhardt, L'AGE D'HOMME, pp. 131 - 132。

② Sartre, *Being and Nothingness: A Phenomenological Essay on Ontology*, Trans. Hazel E. Barnes, New York: Washington Square Press, 1993, p. 174.

物,否则,它会失去任何规定性,消散为真正的虚无。"①

　　再者,作为一种纯粹的否定活动,意识不包含任何实在的内容,意识是一种"虚空(emptiness)"或"虚无(nothingness)",意识与对象的关系就是一种"内在否定"或"纯粹否定"。"内在否定的起源一端是自在,是在那里的事物,而在这事物之外无物存在,除非是一种虚空(emptiness),一种虚无(nothingness),这种虚无之区别于事物,只是由于这个事物是为其提供真正内容的一种纯粹否定。"②意识之中什么也没有,既没有对象,也没有心理表象,意识是完全虚空的,在本体论上就是一种虚无,它是彻底自身透明的,才能是对自身呈现的,是能对自身有着觉知的,所以对自身呈现也是一种虚无化自身的过程。如果我们否认意识具有意向性,也就是否认意识的自身觉知,因为如果将任何心理内容引入到意识之中,就会使意识蒙受一种不透明性,而这毫无疑问将会干扰、阻碍并最终破坏意识的透明性,意向性就是意识根本上的虚无化及非实体性。但在意识的本体论的虚无中存在着间隙,意识永远不能与自身统一,它不仅在面对对象在场时,要虚无化自在存在,它在面对自身在场时,同样要虚无化自身,把自身当成他者,它永远不能与自身重合。如前所述,萨特将意识的这种自身关系描述为"反映—反映者"的结构。在这个结构中,每一项都指向另一方,并且通过另一方使自身成立,然而每一项又异于另一个。它们既不能被理解为只是"绝对一致的、毫无多样性痕迹的同一性",也不能被理解为仅仅是"作为多样性之综合的统一性",而应该理解为这两者之间的"不断保持不稳定平衡的方式(in a perpetually unstable equilibrium)"③,萨特将之称为一种"玄幻的二元形式"(the

---

① D. Zahavi, *Self-Awareness and Alterity：A Phenomenological Investigation*, Evanston：Northwestern University Press, p. 128.

② Sartre, *Being and Nothingness：A Phenomenological Essay on Ontology*, Trans. Hazel E. Barnes, New York：Washington Square Press, 1993, p. 176.

③ Sartre, *Being and Nothingness：A Phenomenological Essay on Ontology*, Trans. Hazel E. Barnes, New York：Washington Square Press, 1993, p. 77.

form of the phantom dyad) ①。所以,意识总是处于一种介于同一性与统一性之间的动态平衡的虚无化对象和虚无化自身的过程之中。

正是在意识对对象和自身进行双重虚无化的过程中,也就是在自为的本体论结构中,昭示了意识的虚无化(nihilation)的原初意义,即意识总是可以前反思地虚无化对象是人的自由的最终来源。

如前所述,萨特并不满足于停留在意识的纯功能描写的层次上,在他看来,意识只是一种"抽象物",虽然其中"隐含着自在存在领域的本体论起源",但现象学应该以"具体物"为起点,而这种"具体物"只能是"在世的人",只有通过考问"在世的人"才能回答"'在世'的综合关系是什么"和"为了使这种关系成为可能,人和世界应该是什么"这两个基本问题。而要回答这两个"互相渗透"的问题,只能通过研究"在世的人"的"行为(conduct)",因为行为总是在世的人的行为,它们不只是"在反思中被揭示的主观情感(subjective affects)",而是"能客观地把握的实在(realities)"②。也就是说,在萨特看来,要回答这两个基本问题,现象学本体论研究的出发点应该是在世的人的行为。

人的行为多种多样,要探索"人—世界"的关系的深刻含义,首先应该选择研究能在探索中充当导引行为的"一个模式(a single pattern)"③。萨特认为,这就是在世的人面对存在总能采用"一种考问的态度(in an attitude of interrogation)",而这种考问揭示了"非存在(non-being)"的存在。因为"对提问者来说,存在着一种否定回答的永恒的、客观的可能性"④,而这种可能性揭示了三种"非存在(non-being)":

---

① Sartre, *Being and Nothingness: A Phenomenological Essay on Ontology*, Trans. Hazel E. Barnes, New York: Washington Square Press, 1993, p. 173.

② 参见 Sartre, *Being and Nothingness: A Phenomenological Essay on Ontology*, Trans. Hazel E. Barnes, New York: Washington Square Press, 1993, pp. 3 - 4。

③ Sartre, *Being and Nothingness: A Phenomenological Essay on Ontology*, Trans. Hazel E. Barnes, New York: Washington Square Press, 1993, p. 4.

④ Sartre, *Being and Nothingness: A Phenomenological Essay on Ontology*, Trans. Hazel E. Barnes, New York: Washington Square Press, 1993, p. 5.

首先是在人身上的"非存在(the non-being of knowing in man)",也就是认识论意义上的否定性存在;其次是在超越的存在中的"非存在"的可能性,也就是在对象领域中的可能有的"非存在";最后是作为对问题的规定者的第三种"非存在":"限制的非存在(the non-being of limitation)",因为有问题就意味着真理的存在,提问者期待客观的回答,以便确认"是如此,而非这般",这种非存在的限制就在于人的期待。萨特认为,这三重"非存在"制约着一切问题,它们对他要解决的"形而上学的问题(the metaphysical question)"①,即人与世界的关系问题至关重要。

在《存在与虚无》中,萨特具体而生动地描述了这些"非存在"现象。他举例说假设我以为我的钱包里有一千五百法郎,实际上却只有一千三百法郎。我的期待和实际的情况不符合。当我对某种非存在的东西进行预判的时候,存在与非存在的关系得以显现。"显然,非存在总是在人的期待的限度内显现(appear)。"②萨特指出,否定是在人与世界关系的原初的基础上显现(appear)的,只有首先把世界的诸多"非存在"设定(posit)为可能性的人,世界才会向他揭示(disclose)出这些"非存在"。所以,否定首先不是作为认识论意义上的否定性判断,人与世界的关系也首先不是认识论意义上的认识主体与对象的关系。当人通过考问来面对存在时,虽然考问是用一个疑问判断来表述的,但考问本身不是一种判断,而是一种判断前的态度(pre-judicative attitude),人与存在的关系首先是一种本体论上的关系即"存在关系(a relation of being)"③。人所提出的问题从根本上包含了对"非存在"的一种判断前的理解:"它本

---

① 参见 Sartre, *Being and Nothingness*：*A Phenomenological Essay on Ontology*, Trans. Hazel E. Barnes, New York：Washington Square Press, 1993, pp. 5 - 6。

② Sartre, *Being and Nothingness*：*A Phenomenological Essay on Ontology*, Trans. Hazel E. Barnes, New York：Washington Square Press, 1993, p. 7.

③ Sartre, *Being and Nothingness*：*A Phenomenological Essay on Ontology*, Trans. Hazel E. Barnes, New York：Washington Square Press, 1993, p. 7.

身就是一种在原初超越性(the original transcendence)的基础上,即在存在与存在的关系中的存在与非存在的关系。"①也就是说,萨特认为,否定来源于反思前的我思与对象的存在关系,而非认识论上的认识与对象关系。如前所述,在萨特这里,这种原初关系是自为的内在否定所建构的,它是以作为意向性的意识对对象的超越为基础的。

萨特对存在与非存在的关系更生动的说明则是对不在场(absence)的现象学描述。我与皮埃尔约好在咖啡馆见面,当我到时,皮埃尔没来。我环顾了整个咖啡馆后没有找到皮埃尔,否定现象向我显现,我做出了一个否定判断:"他不在"。人们通常认为不可能有对"虚无"的直观,海德格尔曾提出"为什么存在存在,而虚无不存在"的疑问。在萨特看来,有一种对"虚无"的直观,"皮埃尔的不在场(absence)就是这种虚无(nothing)"②。

萨特对此作了详细的现象学分析。

首先,否定是一种意识行为,我找不到皮埃尔,皮埃尔的不在场被我经验到。咖啡馆和与之相关的环境是存在,而不是非存在,"咖啡馆是存在的充实(the café is a fullness of being)"③。

其次,这些存在只是构成"一种综合基质(a synthetic organization)",皮埃尔是被给定为在此基质上显现的,不把它们当成意识的对象,而是作为基质,这是意识的"原初的虚无化(an original nihilation)"④,这只是皮埃尔显现的必要条件,它们不是我的注意力集中的对象,皮埃尔才是。因此,这说明世界并不是我所看到的,而是我的意向所在:"一切都取决于我注意力

① Sartre,*Being and Nothingness*:*A Phenomenological Essay on Ontology*,Trans. Hazel E. Barnes,New York:Washington Square Press,1993,pp. 7 - 8.

② Sartre,*Being and Nothingness*:*A Phenomenological Essay on Ontology*,Trans. Hazel E. Barnes,New York:Washington Square Press,1993,p. 9.

③ Sartre,*Being and Nothingness*:*A Phenomenological Essay on Ontology*,Trans. Hazel E. Barnes,New York:Washington Square Press,1993,p. 9.

④ Sartre,*Being and Nothingness*:*A Phenomenological Essay on Ontology*,Trans. Hazel E. Barnes,New York:Washington Square Press,1993,p. 9.

的方向(the direction of my attention)。"①

最后，皮埃尔的不在场虽然是与我的期待有关，但它不是一个纯粹的主观现象，而是一个现象学意义上的事实，是一种意识的客观体验。"正是我期待看见皮埃尔，于是我的期待使得皮埃尔的不在场成为与这座咖啡馆相关的实在事件(a real event)。现在我发现了这种不在场是一个客观事实(an objective fact)"，当然我们也可以说任何一个不相干的人不在咖啡馆，但这只有抽象的意义，只是纯粹运用了否定的原则而无实在和有效的基础，这说明"非存在不是通过否定判断进入事物之中，相反，正是否定判断受到非存在的制约和支持"②。

除此之外，萨特还对提问、毁坏、距离等意识通过前反思的虚无化活动将"非存在"带到世界上来的体验做出现象学分析。人的这种"面对非存在的行为"也被萨特从海德格尔那里借用的"绽出"来描述，"我们发现我们自己面对两种人的绽出(the presence of two human ekstases)：即把我们抛入自在存在中的绽出和使我们介入非存在的绽出"③。最后他得出结论：存在与非存在的关系应该是"非存在永远在我们之中和在我们之外在场，虚无纠缠着存在(nothingness haunt being)"，这是我们能做出否定判断和能够说出"不"的"必要条件"④。从某种意义上，这也是人的自由的必要条件。"虚空的意向是一种否定的意识，它超越自身而趋向被设定为不在场或非实存(non-existent)的对象"⑤，无论是预期我

---

① Sartre, *Being and Nothingness*：*A Phenomenological Essay on Ontology*, Trans. Hazel E. Barnes, New York：Washington Square Press, 1993, p. 9.

② Sartre, *Being and Nothingness*：*A Phenomenological Essay on Ontology*, Trans. Hazel E. Barnes, New York：Washington Square Press, 1993, pp. 10 - 11.

③ Sartre, *Being and Nothingness*：*A Phenomenological Essay on Ontology*, Trans. Hazel E. Barnes, New York：Washington Square Press, 1993, p. 44.

④ Sartre, *Being and Nothingness*：*A Phenomenological Essay on Ontology*, Trans. Hazel E. Barnes, New York：Washington Square Press, 1993, p. 11.

⑤ Sartre, *Being and Nothingness*：*A Phenomenological Essay on Ontology*, Trans. Hazel E. Barnes, New York：Washington Square Press, 1993, p. 27.

的钱包里有一千五百法郎的"非存在",还是皮埃尔的不在场的"非存在",首先都是人的一种前反思的存在体验,是意识朝向对象的一种直接体验,是一种对"虚无"的体验,这种体验产生的根源就在于意识在前反思的层面上总是与自身有间隔的,它与自身总是非同一的,它"是其所不是,不是其所是"的自身逃逸的自为的结构成了否定的永恒源泉,这是人的自由的最根本来源,也是人通过虚无化的行为创造一切的可能的本体论基础。在此意义上,萨特才会说:"虚无使世界五彩缤纷,使事物丰富多彩(nothing making the world irridescent, casting a shimmer over things)"①。

前反思的意识是一种作为虚无的意向性,或者说它是一种虚无化的活动,是自为存在的,它"是其所不是"。这种虚空的意向性必须将自身确立为"不是对象"才能实存,它本身是对"给定物"即自在存在的否定,这种否定是一种"内在否定","内在否定是第一位的和自发的"②。内在否定是一种"自发"的虚无化行动,是作为自为存在的人能够自由地揭示世界的本体论之源。前反思的意识作为自为存在是一种"时间性"的存在,它的实存是变动不居的,它必须不断虚无化对象和自身才能存在,所以它的存在是"非给定"的,它只是"作为对'给定'的纯粹和单纯的否定,它是作为从某种存在着的给定物那里的脱离(disengagement)和对某种尚未存在的目的的介入(engagement)而存在"③,它如出现在世界上的光芒,让世界得以揭示,"自在存在正是被非存在的光芒照亮……人的实在作为活动,在其存在中只能被设想为与给定物的分裂。他是在与给定物分裂时,在尚未存在者的光芒照亮它的时

---

① Sartre, *Being and Nothingness: A Phenomenological Essay on Ontology*, Trans. Hazel E. Barnes, New York: Washington Square Press, 1993, p. 23.

② Sartre, *Being and Nothingness: A Phenomenological Essay on Ontology*, Trans. Hazel E. Barnes, New York: Washington Square Press, 1993, p. 492.

③ Sartre, *Being and Nothingness: A Phenomenological Essay on Ontology*, Trans. Hazel E. Barnes, New York: Washington Square Press, 1993, p. 478.

候使得世界上有了给定物的存在",因此,人作为自为的存在"是自由的,他可以使一个世界存在"①。否定能帮助我们突破束缚我们的肯定性,它可以随时中断一个连续性,它是一种对存在的"脱离(disengagement)",又是一种对"非存在"的"介入(engagement)",它能使"非存在"存在,使存在变为"非存在",它是一种不断地重新开始,从头开始;它也可以让"在场"变成"不在场",使"不在场"能成为一种"在场";它还可以中断从存在中产生的因果序列,"不受世界的因果秩序的限制"②,把"不现实"变成"现实",将"现实"变成"不现实"。这些就像是一种"自由的发明(a free discovery)"③。

这种前反思的虚无为了使得"给定物"得以显现,使世界得以揭示,自身要成为一种"非存在",成为不断的虚无化活动,成为一种"非给定物"的存在,成为对自身的否定,它"是其所不是",意识的这种虚无化结构就是人的在世存在的实存中永远存在选择自由的根源。意向性与内在否定是一个问题的两面,"对只在揭示给定物的虚无化的范围内显现的给定物的必然性"和"内在否定"是一回事。④ 如果意识不是对自身的否定,它将是其所是,是单纯的给定物,它就将不会与其他给定物有任何联系,这样"一个世界的显现的任何可能性都将会被排除"⑤,所以,为了不是一个给定物,自为就应该永远把自身确定为相对自身的后退,也就是永远处在自身否定之中,处在自我选择之中,"自为的自由不是一种给定物,或一种属性,它只能在自我选择中存在",因此"自由之为自由仅仅

① Sartre,*Being and Nothingness*: *A Phenomenological Essay on Ontology*,Trans. Hazel E. Barnes,New York:Washington Square Press,1993,p. 479.

② Sartre,*Being and Nothingness*: *A Phenomenological Essay on Ontology*,Trans. Hazel E. Barnes,New York:Washington Square Press,1993,p. 23.

③ Sartre,*Being and Nothingness*: *A Phenomenological Essay on Ontology*,Trans. Hazel E. Barnes,New York:Washington Square Press,1993,p. 11.

④ Sartre,*Being and Nothingness*: *A Phenomenological Essay on Ontology*,Trans. Hazel E. Barnes,New York:Washington Square Press,1993,p. 478.

⑤ Sartre,*Being and Nothingness*: *A Phenomenological Essay on Ontology*,Trans. Hazel E. Barnes,New York:Washington Square Press,1993,p. 479.

是因为这种选择是无条件的"①。

如果说作为自为的意识"是其所不是",是人的否定性自由的根源，那么自为的意识作为对自身的否定，它"不是其所是"，就是人的肯定性自由即选择自由的来源。作为虚无的自为存在需要自在存在才能存在，这是萨特本体论证明所表明的，但自在存在只是存在在那里，它本身没有任何意义可言，它的意义是需要自为的意识揭示的。在萨特看来，自为存在才是世界意义的来源，是世界意义的基础，"我就突然发现自己是那个赋予闹钟意义的人，是那个因看到告示牌而禁止自己践踏花坛或草坪的人，是那个火速执行上级命令的人，是那个决定他的著作意义的人，是那个为了符合价值的要求而规定自己行动的，最终使各种价值得以存在的人"②。那意识又是如何赋予世界以意义的呢？萨特认为意识是通过选择来赋予世界意义的，"我们通过选择我们自己来选择世界——不是从选择创造了自在，而是从选择给予自在意义的角度来说的"③。而且无论选择与否，意识都已经是自由的，因为不选择也是一种选择，自由就是选择的自由。在萨特这里，这种选择的自由，已经处在反思的意识的层次上了，但意识之所以总是可以自由地进行选择，是基于前反思意识的虚无化的自发性、自主性的，所以，从本质上来说，意识的这种肯定的自由仍然是基于意识的本体论之上的。因此，无论是人的否定性的自由，还是肯定性的、建设性的自由，它们都是来源于前反思意识的虚无化活动，正如 Vincent de Coorebyter 所认为的，"什么都不能阻止虚无的意识做出不合时宜的，甚至是疯狂的行为，因为从本质上说，意识就是在空

---

① Sartre, *Being and Nothingness*：*A Phenomenological Essay on Ontology*, Trans. Hazel E. Barnes, New York：Washington Square Press, 1993, p. 479.

② Sartre, *Being and Nothingness*：*A Phenomenological Essay on Ontology*, Trans. Hazel E. Barnes, New York：Washington Square Press, 1993, p. 39.

③ Sartre, *Being and Nothingness*：*A Phenomenological Essay on Ontology*, Trans. Hazel E. Barnes, New York：Washington Square Press, 1993, p. 463.

洞的整体之中不断地自我创造"①。

　　总之，萨特认为，人的经验性自由，无论是考问，还是选择，不管是肯定性自由，还是否定性自由，都并非是最根本的自由活动，"（对考问和否定的）这种考察使我们认识了一种经验性自由（empirical freedom）"，虽然"这种自由是作为在时间性中人的虚无化和作为对否定性的超越地把握（the transcending apprehension of negatives）的必要条件"，但"这种经验性自由的基础是有待奠定的"②，而这种基础就在于自为的虚无化原初活动之中。"显然我们应该找到在内在性之中进行虚无化的一切否定的基础。我们必须在绝对的内在性中，在瞬时的我思（the instantaneous cogito）的纯粹主观性中发现人赖以成为其自身虚无的那种原初活动（the original act）"③，而这种原初活动就是自为的虚无化，从现象学来看，它就是人的"焦虑"与对焦虑的逃避（即"自欺"），这就是我们下一篇讨论的起点。

---

① Vincent de Coorebyter, *Sartre Face a là Phénoménologie*, Paris: Librairie Philosophique I. Vrin, 2000, p. 639.

② Sartre, *Being and Nothingness: A Phenomenological Essay on Ontology*, Trans. Hazel E. Barnes, New York: Washington Square Press, 1993, p. 44.

③ Sartre, *Being and Nothingness: A Phenomenological Essay on Ontology*, Trans. Hazel E. Barnes, New York: Washington Square Press, 1993, pp. 44 – 45.

下篇　自由的伦理学转向

在《存在与虚无》中,萨特揭示了在"人的实在"中有一种原初的自由自主性,这种原初的自由自主性根源于意识或自为的"是其所不是,不是其所是"的本体论结构。在萨特看来,自为的这种本体论结构昭示出它自身是一种"欠缺"的存在。自为所欠缺的是自在存在的确定性和同一性,"自为就是比照着这种欠缺而在其存在中把自己规定为欠缺的",因此它要不断地寻求"与自在的综合",这种综合就是作为"自因"的"价值",是"本体论向我们揭示的价值的起源和本性"[1]。萨特通过"存在的精神分析法"揭示了人的所有活动最后都受到这种成为"自因"或"上帝"的价值的统治和支配,"所有人的实在都是一种激情,因为他谋划自失以便存在并同时确立在成为自己固有基础时逃避偶然性的存在,宗教称为上帝的自因的存在",但自在与自为在本体论上有着截然相反的特性,不可能综合为一体,"自在与自为"或"上帝"的概念本身就是"矛盾的",注定是不可能实现的价值,人的自失是"徒劳的",所以"人是一种无用的激情"[2]。

---

① Sartre, *Being and Nothingness*: *A Phenomenological Essay on Ontology*, Trans. Hazel E. Barnes, New York: Washington Square Press, 1993, p. 626.

② Sartre, *Being and Nothingness*: *A Phenomenological Essay on Ontology*, Trans. Hazel E. Barnes, New York: Washington Square Press, 1993, p. 615.

　　萨特认为,在本体论上,人是绝对自由的存在,在面对自身的自由时,他会感到"焦虑",逃避到"自欺"之中;在面对他人时,受他人目光的"注视",失去超越性,他会感到"羞耻",企图超越他人来夺回自身的超越性,最终无法摆脱"或超越他人或被他人超越"的"两难境地","意识间关系的本质不是'共在',而是冲突"①,最后导致人的存在的悲剧性结局,这似乎是一种人的自由的悖论。然而,这只是人的存在之"实然",而非道德上的"应然"。在萨特看来,"是"推不出"应该"。在《存在与虚无》的最后部分所展望的"道德前景"②中,萨特明确指出:"本体论本身不能给出道德戒律(precepts)。它只关心是什么(what is),从本体论的描述中我们不可能引申出律令(imperatives)"③。

　　但是,萨特也暗示人可以通过一种名为"本真性(authenticity)"的"存在的自身恢复(a self-recovery of being)"④和"彻底的转化(a radical conversion)"⑤,得到一种"解脱与拯救的伦理学(an ethics of deliverance and salvation)"⑥,只不过他认为讨论这种"解脱与拯救"的道德问题不是

---

① Sartre,*Being and Nothingness*：*A Phenomenological Essay on Ontology*,Trans. Hazel E. Barnes,New York：Washington Square Press，1993,p. 429.

② Sartre,*Being and Nothingness*：*A Phenomenological Essay on Ontology*,Trans. Hazel E. Barnes,New York；Washington Square Press，1993, p. 625. 英文版将法文版的"Perspectives morales"译为"Ethical Implications"是不太妥当的,所以笔者在此没有标注出英文原文。

③ Sartre,*Being and Nothingness*：*A Phenomenological Essay on Ontology*,Trans. Hazel E. Barnes. New York：Washington Square Press，1993,p. 625.

④ Sartre,*Being and Nothingness*：*A Phenomenological Essay on Ontology*,Trans. Hazel E. Barnes,New York；Washington Square Press，1993,p. 70.

⑤ Sartre,*Being and Nothingness*：*A Phenomenological Essay on Ontology*,Trans. Hazel E. Barnes. New York：Washington Square Press，1993, p. 412. 英文版《存在与虚无》中"conversion"一词出现了多次,有的有宗教意味,如第434页;有的没有,如此处。《存在与虚无》的中文本将没有宗教意味的译为"改宗"(如[法]让-保罗·萨特《存在与虚无》,陈宣良译,生活·读书·新知三联书店2007版,第504页),将有宗教意味的译为"皈依"(如[法]让-保罗·萨特《存在与虚无》,陈宣良译,生活·读书·新知三联书店2007版,第528页),显示了译者对其宗教语境有所区分。笔者在本文中将没有宗教意味的"conversion"译为"转化",因为笔者认为"改宗"仍具有浓厚的宗教色彩,而萨特的无神论不支持此译法。

⑥ Sartre,*Being and Nothingness*：*A Phenomenological Essay on Ontology*,Trans. Hazel E. Barnes,New York：Washington Square Press，1993,p. 625.

在现象学本体论中,而是在他的"未来的著作"①中。他为此做了努力,在1947年到1948年间,写了十来本关于道德问题的笔记,可惜最后只剩下两本,由其养女整理,在他去世3年后(1983年),以《伦理学笔记》为名出版。虽然这些笔记不完整、不系统,但我们仍然可以从中清楚地看到他对自由问题的思考从现象学本体论到伦理学的转向。在这一篇中,我们试图循着萨特思想转向的轨迹,阐释萨特式的"自由悖论",并尝试从《伦理学笔记》中找到他为解决"自由悖论"所做的伦理学上的构想。

第一节 焦虑与自欺

在《存在与虚无》中,萨特通过考察"考问"与"否定"等在世的人的行为,达到了现象学本体论研究的"第一个目的":"人是在'包围(invests)'着他的存在中凸显(rise)出来而使世界被发现的。但这种凸显的本质和原初时刻就是否定。于是我们达到了研究的第一个目的。人是将虚无带到世界上来的存在。"②也就是说,人与世界在本体论上是一种否定性的关系,而这种否定性是基于意识的原初的虚无化结构,这种结构是一种双重的虚无化,即对对象与对自身的虚无化。"虚无作为所有超越的否定条件,只能从另外两种原初的虚无化出发来解释清楚:1. 意识不是它自己的动机(motive),因为它没有任何内容。这就把我们推到一个反思前的我思的虚无化结构中。2. 意识面对它的过去和将来正如面对一个按照它不是的方式所是的自我一样。这又回到了一种时间性的虚无化结构。"③也就是说,人通过反思前的我思介入世界之中,通过意识的自

① Sartre, *Being and Nothingness*:*A Phenomenological Essay on Ontology*, Trans. Hazel E. Barnes, New York:Washington Square Press, 1993, p. 628.

② Sartre, *Being and Nothingness*:*A Phenomenological Essay on Ontology*, Trans. Hazel E. Barnes, New York:Washington Square Press, 1993, p. 4.

③ Sartre, *Being and Nothingness*:*A Phenomenological Essay on Ontology*, Trans. Hazel E. Barnes, New York:Washington Square Press, 1993, p. 34.

由的虚无化活动揭示世界；又通过反思的我思，使自我产生，并且通过虚无化自身不断更新自我。萨特认为，这种自为对自在的虚无化就是自由，"自由完全地等同于虚无化；唯一能被称为自由的存在，就是使它的存在（being）虚无化的存在（being）"①。正是在对意识的这两种虚无化活动的描述中萨特解释了人的自由与面对自由而产生的焦虑及其逃避焦虑的"自欺"。

在研究的"第一个目的"达到后，萨特提出疑问："为了使虚无通过人来到存在中，人在他的存在中应该是什么呢？"②萨特认为，人在自身的存在中是一种自由的存在，因为人能通过某种活动、某种期望、某种谋划来改变世界，而世界却无法作用于他。萨特说这不是他的首创，"人的实在分泌（secrete）出一种使自身独立出来的虚无，对于这种可能性，笛卡尔在斯多葛学派之后，把它称为自由"③。正是人的自由使得虚无来到世界，而人的存在制约着虚无的显现，而且虚无又对人显现为自由，因此"自由作为虚无的虚无化（the nihilation of nothingness）所需要的条件，不是突出地属于人的存在的本质（the essence of the human being）的一种属性（property）"，因为人的实存与本质的关系不同于其他事物的存在与本质的关系，人的实存是在时间中的存在，其实存先于本质，而事物是自在的存在，是没有时间性的存在，其本质先于存在，"人的自由先于人的本质并且使得人的本质成为可能，人的存在的本质悬置于（suspended）人的自由之中"，因此"人的自由与'人的实在'的存在没有区别"④。

① Sartre, *Being and Nothingness*: *A Phenomenological Essay on Ontology*, Trans. Hazel E. Barnes, New York: Washington Square Press, 1993, p. 567.

② Sartre, *Being and Nothingness*: *A Phenomenological Essay on Ontology*, Trans. Hazel E. Barnes, New York: Washington Square Press, 1993, p. 24.

③ Sartre, *Being and Nothingness*: *A Phenomenological Essay on Ontology*, Trans. Hazel E. Barnes, New York: Washington Square Press, 1993, pp. 24 – 25.

④ Sartre, *Being and Nothingness*: *A Phenomenological Essay on Ontology*, Trans. Hazel E. Barnes, New York: Washington Square Press, 1993, p. 25.

　　人的自由从现象学的角度看又意味着什么呢？萨特认为，人的自由对意识显现为"焦虑"。"正是在焦虑中人获得了对他的自由的意识，如果人们愿意的话，还可以说焦虑是自由的存在方式，正是在焦虑中自由在其存在中对自身提出问题。"①人是把虚无带到世界中来的存在，"人的实在"也在虚无中显现，只有在虚无中，存在才能被超越，而被超越的存在构成了世界。"这一方面是指'人的实在'是作为存在在非存在中的显现而涌现的，另一方面则是指世界是'悬置'于虚无中的。焦虑是对这双重的和不断的虚无化的发现。"②也就是说，人作为自为存在"是其所不是，不是其所是"，在时间中不断地虚无化自身与世界，将自身在世界中"绽出（ekstasis）"③，也让世界在意识的虚无中被揭示，而对这种双重的和不间断的虚无化的体验就是焦虑。

　　为了更清楚地解释焦虑，萨特把"焦虑"与"恐惧"区分开来。在萨特看来，两者都是对威胁或危险的反应，但它们面对的威胁或危险的来源不同。恐惧是对外在存在或处境的威胁或危险的害怕，焦虑是对存在于自身中的威胁或危险的畏惧。他举例说，人会在悬崖上感到"眩晕"，这种"眩晕"是一种焦虑，它不是因为人害怕坠入悬崖而是因为人畏惧会选择自投悬崖。再比如，开炮前的士兵可能由于害怕被炮弹击中而恐惧。士兵在准备开炮时的焦虑是对能否把持住自己的炮击行动而产生的。所以，恐惧与焦虑不仅不是同一种情绪，而且两者还是互相排斥的，因为它们是两种不同类型的对象在意识的不同层次上的显现，"恐惧是对超越的东西的非反思的把握（apprehension），而焦虑则是对自我的反思的

---

① Sartre, *Being and Nothingness*: *A Phenomenological Essay on Ontology*, Trans. Hazel E. Barnes, New York: Washington Square Press, 1993, p. 29.

② Sartre, *Being and Nothingness*: *A Phenomenological Essay on Ontology*, Trans. Hazel E. Barnes, New York: Washington Square Press, 1993, p. 18.

③ Sartre, *Being and Nothingness*: *A Phenomenological Essay on Ontology*, Trans. Hazel E. Barnes, New York: Washington Square Press, 1993, p. 44.

把握,一方产生于另一方的解体(destruction)"①。也就是说,恐惧是前反思的自发、直接的朝向外在世界的意识,焦虑则是意识朝向自身的反思意识。当人恐惧时,他的注意力是集中在意识之外的对象之上的,而当人焦虑时,他已经开始觉察到自身是作为自为的自由存在的。再者,恐惧是被意识之外的超越的对象或一种境况所激发的,而焦虑是由于觉察到意识有虚无化任何对象和自身的可能性,以至于对自己下一步做出何种反应都不敢确信,害怕自己做出自我毁灭的举动而产生的体验。"境况引起的恐惧是因为它很可能从外面使我的生活发生变化,而我的存在(being)引起的焦虑是因为我对我自己对这种境况的反应产生了怀疑。"②

因此,焦虑是人在反思中对自我作为自由存在的体验,它"是自由本身对自由的反思的把握"③。在《自我的超越性》一书中,萨特就已经从现象学角度描述了这种体验。如前所述,在此书中,萨特通过将意识的意向性改造为超越性,将包括先验自我在内的一切存在都清除出意识,论证了在原初的意识(未被反思的意识)中是没有"自我"或其他任何东西存在的,它是绝对的显现,是一种虚空的意识。这种虚空的意识是一种"先验的意识",它是无自我,即无人称的"自发性",是一种从虚无开始的创造。"先验的意识是非人称的自发性。意识注定要在无时无刻的自身决断中存在,在意识实存之前,我们不能设想任何东西。从而,我们的意识生活的点点滴滴都向我们揭示从虚无开始的创造。这不是一种新的安排,而是一种全新的实存",而这对每个人来说,都是"令人焦虑的",因为它超出了我们的掌控,这是一种不断地从无到有、从虚无到存在的创

① Sartre,*Being and Nothingness：A Phenomenological Essay on Ontology*,Trans. Hazel E. Barnes,New York：Washington Square Press, 1993,p. 30.

② Sartre,*Being and Nothingness：A Phenomenological Essay on Ontology*,Trans. Hazel E. Barnes,New York：Washington Square Press, 1993,p. 29.

③ Sartre,*The Transcendence of the Ego*, Trans. Forrest Williams, New York：Hilland Wang, 1991,p. 39.

造,但"我们并不是这些创造活动的主宰者"①。

焦虑是自由在反思中的显现,确切地说,是在"纯粹反思"中的显现,因为在不纯粹的反思中,"'自我'的基本作用可能向意识掩盖其固有的自发性"②,这就是后来萨特在《存在与虚无》中所描述的"自欺"在本体论上的可能性。在前反思的我思中,没有自我的出现,自我是在反思中出现的,但在反思中,人通常会将被反思的意识当成对象来把握,因为被反思的意识是瞬时性的,反思所把握的被反思的意识不可能与反思的意识同一,被反思的意识对反思的意识只是一种"侧显",真正的"自我"或理想的"自我"是由各个"侧显"综合统一而构成的,它是由"状态、行动和性质构成的综合统一"③。"如果人们明白'我思'是为了把'思'变成'我'的创造,那就已经把'思'构建为被动性和状态,也就是构建为对象,这就离开了纯粹反思的层次"④,而在纯粹反思中,意识把自身当成自为的存在,从各个方面避开"自我"对自身自由的掩饰,"意识有可能在纯粹反思的层面上突然自我产生,这不是说在可能没有'自我'的情况下进行,而是说意识好像从各个方面避开'自我',通过连续不断的创造在自身之外控制并支持'自我'"⑤,于是"意识发现了它的自发性的命运,一下子就焦虑起来,正是在这无可救药的绝对焦虑中与这对自我的惧怕中向我们呈现了纯粹意识的构建成分"⑥。也就是说,由意向性意识和由意识之自

---

① Sartre, *The Transcendence of the Ego*, Trans. Forrest Williams, New York: Hilland Wang, 1991, pp. 98 – 99.

② Sartre, *The Transcendence of the Ego*, Trans. Forrest Williams, New York: Hilland Wang, 1991, p. 100.

③ Sartre, *The Transcendence of the Ego*, Trans. Forrest Williams, New York: Hilland Wang, 1991, p. 61.

④ Sartre, *The Transcendence of the Ego*, Trans. Forrest Williams, New York: Hilland Wang, 1991, p. 97.

⑤ Sartre, *The Transcendence of the Ego*, Trans. Forrest Williams, New York: Hilland Wang, 1991, p. 101.

⑥ Sartre, *The Transcendence of the Ego*, Trans. Forrest Williams, New York: Hilland Wang, 1991, p. 102.

治、自发所带来的这种绝对的、无根据的自由将"我们"置于焦虑之中。由"我们"所认定的那种"自我"概念在任何程度上都不再是意识存在的来源，也不再是能为意识提供保障的根据。意识在每一时刻都表现为绝对的自发性，这种"自发性"不断超出"我们"，"我们"试图通过反思对意识进行把握，但又无法真正把握到，于是，意识的这种绝对的自发性对自身显现为这样一种"令人眩晕的自由（this vertiginous freedom）"，这种"令人眩晕的自由"又"无限地溢出于（infinitely overflowing）通常作为意识统一性的自我"①，因而"我们"则始终陷于由此带来的"无可救药的绝对焦虑"之中。

在《存在与虚无》中，萨特对这种"绝对焦虑"做了进一步解释，他认为正是人的意识的不断虚无化的活动把人的存在与人的本质分离开，人没有固定的本质，没有固定的"自我"在背后支撑人的存在，所以人总是感到焦虑。"在自我面前作为自由表现的焦虑就意味着虚无总是将人和他的本质分离开"②，因此"通过焦虑表现出来的自由的特征就表现在一种对标明自由存在的'自我（the Self）'进行再造的不断更新的义务"③。

在萨特看来，如果遵循黑格尔对本质的定义，即"本质就是已经存在的"之逻辑，那么，在人的存在中，本质就是他"曾经的一切"，就是那些解释这一切的诸种特性的整体，"这个自我（the self）及其先验的和历史的内容就是人的本质"④。但是，按照萨特的现象学本体论，黑格尔的或传统哲学的本质与现象的区分不再有效，显现或现象才是绝对的存在，"显

---

① Sartre, *The Transcendence of the Ego*, Trans. Forrest Williams, New York: Hilland Wang, 1991, p. 100.

② Sartre, *Being and Nothingness: A Phenomenological Essay on Ontology*, Trans. Hazel E. Barnes, New York: Washington Square Press, 1993, p. 35.

③ Sartre, *Being and Nothingness: A Phenomenological Essay on Ontology*, Trans. Hazel E. Barnes, New York: Washington Square Press, 1993, pp. 34 - 35.

④ Sartre, *Being and Nothingness: A Phenomenological Essay on Ontology*, Trans. Hazel E. Barnes, New York: Washington Square Press, 1993, p. 35.

现并不掩盖本质,它揭示本质,它就是本质"①,所以,人的显现就是人的本质。在《自我的超越性》中,萨特论证了在前反思意识中没有"自我"的存在;"自我"在反思意识中显现,但因为反思的意识与被反思的意识总是有时间差,不可能同一,因而"从本性上讲,'自我'是逃逸的(ego is by nature fugitive)"②。在《存在与虚无》中,萨特更深入地阐释了此观点。他认为人的活动总是超出"他曾经的一切"这个本质,它只有超越对它的所有解释才成为人的活动。"正是在这里焦虑显现为对自身(self)的把握(apprehension),因为它的实存(exists)是以不断从其所是(what is)中脱离的方式存在;更准确地说,它使自身如此实存。因为我们永远不可能将'体验'作为我们的本质的活生生的结果(an Erlebnis as a living consequence)来把握。我们的意识的流动建构了(constitutes)这种本质,然而它总是停留在我们的背后,它作为对往昔的理解的永久对象驻留(dwells)在我们之中。正因为这种本质是一种要求而不是依靠,它才会在焦虑中被把握(apprehended)。"③也就是说,意识是在时间中永恒流动的,在反思中显现的"自我"不是意识的来源,"体验"也不是被"错认"作本质的"自我"的结果。恰好相反,意识的实存是一种不断虚无化的活动,它必须不断虚无化"给定物"(无论是外在对象,还是处境,抑或被当作对象性存在的"本质"的"自我")才能真正实存,"自我"是活生生的意识建构出来的,并且这种建构是处在不断变化、不断更新中的,这种不断更新的"自我"不是一种可以"依靠"的"本质",而是一种意识作为自为存在的自由的本性上的"要求",面对这种永无休止的"要求",面对这种"令人眩晕的自由",人才会感到焦虑。"在自由中人的存在(the human

---

① Sartre, *Being and Nothingness : A Phenomenological Essay on Ontology*, Trans. Hazel E. Barnes, New York: Washington Square Press, 1993, p. xlvi.

② Sartre, *The Transcendence of the Ego*, Trans. Forrest Williams, New York: Hill & Wang, 1991, p. 89.

③ Sartre, *Being and Nothingness : A Phenomenological Essay on Ontology*, Trans. Hazel E. Barnes, New York: Washington Square Press, 1993, p. 35.

being)是虚无化形式下他自己的过去(同样也作为他自己的将来)……当
人意识到他的存在(being)的时候,他应该是面对过去和将来,并作为既
同时是过去和将来,又不是过去和将来的方式实存(exist)……正是在焦
虑中人获得了对他的自由的意识……焦虑是作为意识存在的自由的存
在方式。"①这种不断超越"给定"、超越"自我"、超越时间的自由是一种绝
对的自由,也是一种绝对的可能,因为没有任何东西能保障人的实存,也
没有任何事物能担保人的行为将按确定的方式进行,他的过去不能决定
他的现在,他的现在更不能决定他的将来,他的将来也不能靠他的现在
或过去来预测或确定,他永远处在自我更新、自我变化之中,是一种永远
具有各种可能性的可能性。焦虑就是人对自身这种绝对可能性的意识,
"焦虑事实上是对作为我的可能性的那种可能性的承认,即它是在意识
中发现自己被虚无与其本质相分离,或被其自由本身与将来相分离时构
成的(constituted)"②。

　　这种绝对的可能也是一种绝对的责任,在一个没有神或所谓的"人
的本质"庇护的世界中,人要独自承担这份绝对自由的责任。人通过"未
被反思的意识"介入或"被抛"到世界之中,人在世界中的行动,哪怕是如
抽烟、约会这种最日常的活动,都是源于意识的原初虚无化的自由谋划
给予意义,"所有这些平凡的日常价值,其实都是从我在世界中对自己的
选择的原初谋划中获得意义的"③。然而,虽然人能通过这种"原初的可
能性的谋划"使各种价值、要求、期待,甚至一个世界得以存在,但"对于
我,它(原初的谋划)只是显现为我的行动的意义和抽象的、逻辑的含义

---

① Sartre, *Being and Nothingness*: *A Phenomenological Essay on Ontology*, Trans. Hazel E. Barnes, New York: Washington Square Press, 1993, p. 29.

② Sartre, *Being and Nothingness*: *A Phenomenological Essay on Ontology*, Trans. Hazel E. Barnes, New York: Washington Square Press, 1993, p. 35.

③ Sartre, *Being and Nothingness*: *A Phenomenological Essay on Ontology*, Trans. Hazel E. Barnes, New York: Washington Square Press, 1993, p. 39.

而超乎这个世界之外"①。在世界之中,无论是神,还是理性的或感性的本质,都不可能为我的行动给出价值与意义,我才是使价值与意义得以存在的存在者。"我孤独地出现,在焦虑中面对唯一的和构成我的存在(being)的原初谋划,所有的障碍,所有的栅栏都被我的自由意识虚无化了。我没有也不可能求助于任何价值来对抗这样一个事实:正是我才能在存在中(in being)支持诸价值的存在。没有什么支持我对抗我自己,在我所是的这个虚无(nothingness)把世界和我的本质割裂开来之后,我不得不实现世界的和我的本质的意义,我独自做出决定,无可辩护(without justification),毫无托词。"②所以,萨特把人的这种绝对自由称为"命定的自由",将人对自身绝对自由的责任称作"责任的重负"。在焦虑中,人既感觉自己是绝对自由的,又感觉自己不能不使世界的意义通过自身而到达世界。在独自面对这样一种绝对责任时,人不堪其重,他会选择逃避自由,逃避可能性,从而逃避责任,逃避焦虑。

由于意识永无止息的虚无化活动将人的实存与其本质或自我分离开来,因此人没有本质或自我,抑或没有神可以护佑,人只能"把自己看作是我的可能的原初起源"③,而"这种自由如果是面对自身的自由,它会令我不安,我就会试图把它送回到我的本质之中,即我的自身之中"④,这就是逃避焦虑的"整个过程(the totality of processes)":"我们通过避免所有其他的可能来把握我们的可能……我们不愿意将这种可能性看作是由一种纯粹虚无化的自由支持其存在的(being),而是试图把它看作是

---

① Sartre, *Being and Nothingness*: *A Phenomenological Essay on Ontology*, Trans. y Hazel E. Barnes, New York: Washington Square Press, 1993, p. 39.

② Sartre, *Being and Nothingness*: *A Phenomenological Essay on Ontology*, Trans. Hazel E. Barnes, New York: Washington Square Press, 1993, p. 39.

③ Sartre, *Being and Nothingness*: *A Phenomenological Essay on Ontology*, Trans. Hazel E. Barnes, New York: Washington Square Press, 1993, p. 41.

④ Sartre, *Being and Nothingness*: *A Phenomenological Essay on Ontology*, Trans. Hazel E. Barnes, New York: Washington Square Press, 1993, p. 42.

由一个已经建构的对象引起的,这个对象就是我们的'自我'……"①。焦虑是意识本身的虚无化能力,人为逃避焦虑而使"焦虑虚无化","这种能力本身就被虚无化了",这种态度就是人的"自欺(bad faith)"(又译为"坏的相信")②。这种"自欺"是一种"坏的相信","坏"在它相信可以填满自身的虚无,可以用对象性的"自我"作为本质来掩盖自身的自由。

萨特指出,"自欺"不在于"从意识中驱逐焦虑",因为焦虑是不可能被驱逐出意识的,意识本身就是自由,焦虑是意识对自身自由的反思;"自欺"也不在于把意识确立为潜意识的心理现象,因为意识是透明的、自身觉察的、完全自身显现的,没有潜在的可能,而仅仅在于"我能在把握我所是的焦虑时,使自己成为自欺的原罪(make myself guilty of bad faith),而且这注定要填满我在我本身的关系中所是的虚无的自欺,它恰恰包含着它所压制的(suppresses)那个虚无"③。也就是说,"自欺"是意识作为自为存在利用了自身所是的虚无对自己所犯下的"原罪",它妄图在虚无中填满其所是的"虚无",成为其所不是的"充实",企图在其所是的可能性中逃避可能性成为其所不是的必然性。

为了阐明"自欺"是意识的一种本体论的内在结构所导致的,萨特将"自欺"与"说谎"进行了比较。在萨特看来,两者都是否定性的态度(negative attitudes),但前者是意识的内在否定,而后者是对外在超越物的否定。人的存在不仅仅是否定由之在世界中被揭示(disclosed)出来的存在,也是能对自身采取否定态度的存在,人可以对自身采取"自我否定"的态度,"这种态度对人的实在是本质性的(essential),它可以像意识一样不把它的否定指向外部,而是把它转向自身。这种态度在我们看来

---

① Sartre, *Being and Nothingness*: *A Phenomenological Essay on Ontology*, Trans. Hazel E. Barnes, New York: Washington Square Press, 1993, p. 43.
② Sartre, *Being and Nothingness*: *A Phenomenological Essay on Ontology*, Trans. Hazel E. Barnes, New York: Washington Square Press, 1993, p. 44.
③ Sartre, *Being and Nothingness*: *A Phenomenological Essay on Ontology*, Trans. Hazel E. Barnes, New York: Washington Square Press, 1993, p. 44.

似乎就是自欺"①。与之相反,说谎是一种对意识之外的存在的否定,是一种外在否定,"说谎不是现时意识的内在结构在生效(put into the play),构成说谎的所有否定都是针对那些根据这个事实从意识中产生出来的对象的。说谎不需要特别的本体论基础,一般的否定实存(existence)所要求的那些解释在欺骗的情况下都有效"②。

再者,说谎存在欺骗者与被骗者的二元性,说明了意识只能完全对自身显现,而对他人从本性上说是隐藏的。"通过说谎,意识肯定了意识的实存(exists)从本性上讲是对他人隐藏着的,它为自己的利益而利用了自我与他人的本体论上的二元性"③。然而,"自欺"不存在这种二元性,我正是对我自己掩盖真情,欺骗者与被骗者是同一个人,我应该知道在我欺骗我时对我掩盖的真情,自欺如何可能? 萨特也认为这是一个"难题(difficulty)"。再说意识的存在就是对存在的意识,意识是对自身在场的,是有着自身觉知的,体验到自欺的人就应该有对自欺的意识,这是在前一个难题中又派生出来的"另一个困难",因为"似乎至少在我意识到我的自欺时,我应该是在'好的相信'之中(in good faith)"④。

为了摆脱这些困境,萨特考察了具体的自欺行为,试图从现象学上描述这种行为,以确立自欺的可能性条件,并且回答在研究此现象之初提出的疑问:"如果人是能自欺的,人的存在(the being of man)应该是什么?"⑤

---

① Sartre, *Being and Nothingness*: *A Phenomenological Essay on Ontology*, Trans. Hazel E. Barnes, New York: Washington Square Press, 1993, p. 48.

② Sartre, *Being and Nothingness*: *A Phenomenological Essay on Ontology*, Trans. Hazel E. Barnes, New York: Washington Square Press, 1993, p. 48.

③ Sartre, *Being and Nothingness*: *A Phenomenological Essay on Ontology*, Trans. Hazel E. Barnes, New York: Washington Square Press, 1993, p. 49.

④ Sartre, *Being and Nothingness*: *A Phenomenological Essay on Ontology*, Trans. Hazel E. Barnes, New York: Washington Square Press, 1993, p. 49.

⑤ Sartre, *Being and Nothingness*: *A Phenomenological Essay on Ontology*, Trans. Hazel E. Barnes, New York: Washington Square Press, 1993, p. 55.

　　萨特举了几个典型的自欺的例子,比如一个初次赴约的女子用多种方式实施自欺行为的实例。这个女子知道与她约会的人对她抱有的意图,但她故意推后做出决定。在面对对方的恭维时,她不愿意深究对方言辞背后的性的含义,她任凭对方抓住她的手而不表明自己的态度。她知道对方欲求她,但她想保持这种局面,装作不知道被欲求。她将同伴抓住她的手的行为看成仅仅是以自在的方式存在,从而解除其危险性;她将自己的手停留在对方的手中,既不反对也不赞成,像一个物件一样,"她按她的本质来显现自己(in her essential aspect):一个人,一个意识"①。

　　咖啡馆侍者也是萨特所列举的典型自欺的案例之一。侍者的一切行为让他看起来就像是一台机械一样,他清楚自己的权利和责任并努力使自己成为别人所认为的那样,扮演好他人眼中的咖啡馆侍者形象。侍者将自己等同于他所扮演的角色,放弃了自由选择的权利,试图实现"咖啡馆侍者的自在的存在(being-in-itself of the cafe waiter)"②。

　　萨特认为,所有这些自欺行为实质上是利用了"人的存在的双重性质:人为性和超越性",人的实在的这两个方面应该能成为"一个有效的综合(a valid coordination)",但是"自欺既不想以综合来调和它们,也不可能以此来克服它们。对自欺来说,关键在于保存它们的差异来确认它们的同一"③。赴约的女子将其手撒开,把同伴引入爱情思辨之中,她假装自己只是"精神",只是"意识",只有超越性,而侍者却只是将自己看成自在存在,看成是不能自由选择,无法超越的人为性,他们都在假装自己只是"单向度的存在"——超越性或人为性,关键是都没有把人确立为

① Sartre, *Being and Nothingness*: *A Phenomenological Essay on Ontology*, Trans. Hazel E. Barnes, New York: Washington Square Press, 1993, p. 56.

② Sartre, *Being and Nothingness*: *A Phenomenological Essay on Ontology*, Trans. Hazel E. Barnes, New York: Washington Square Press, 1993, p. 60.

③ Sartre, *Being and Nothingness*: *A Phenomenological Essay on Ontology*, Trans. Hazel E. Barnes, New York: Washington Square Press, 1993, p. 56.

"一种是其所不是又不是其所是的存在"①,所以都是自欺的。

那是不是应该倡导将人看作"是其所是的存在",即自欺的反题
(antithesis)——"真诚(sincerity)"呢? 萨特认为,自欺的目的在于置于
能及的范围之外,成为自身所不是的存在,而真诚从根本上说与自欺没
有本质区别。首先,"是其所是"是一种同一性原则,人的实在不同于物
的存在,同一性不是其构成原则。其次,真诚的目的与自欺的目的没有
什么不同,因为真诚要"是其所是","它要使我承认自己是我所是,以最
终让我与我的存在重合"②,而我的过去是我之所是,它已经是以自在的
方式存在了,要与之重合,实际上就是要求"我按照自在的方式是我所应
该是"③。这与自欺的目的"按'不是我所是'的方式是我所是,或者按'是
我所是'的方式不是我所是"是"同样的镜子游戏(the same game of
mirrors)"④。最后,"理想的真诚"其实是根本无法达到的,因为"当我
努力达到它的那一刻,我模糊地先于判断领会到我不能达到它"⑤。反
思前的我思是对对象的意识,也是自身意识着的,意识的存在就是存
在的意识,这就意味着相信的存在就是对相信的意识,而意识对对象
的把握是以"不是对象"为法则的,对象对意识的显现就是意识的自我
否定,因此"相信就是不相信(To believe is not-to-believe)"⑥。所以"真
诚本身就是自欺的",而自欺的可能性条件就在于"人的实在在它最

---

① Sartre,*Being and Nothingness*: *A Phenomenological Essay on Ontology*,Trans. Hazel E. Barnes,New York:Washington Square Press, 1993,p. 58.

② Sartre,*Being and Nothingness*: *A Phenomenological Essay on Ontology*,Trans. Hazel E. Barnes,New York:Washington Square Press, 1993,pp. 65 – 66.

③ Sartre,*Being and Nothingness*: *A Phenomenological Essay on Ontology*,Trans. Hazel E. Barnes,New York:Washington Square Press, 1993,p. 66.

④ Sartre,*Being and Nothingness*: *A Phenomenological Essay on Ontology*,Trans. Hazel E. Barnes,New York:Washington Square Press, 1993,p. 66.

⑤ Sartre,*Being and Nothingness*: *A Phenomenological Essay on Ontology*,Trans. Hazel E. Barnes,New York:Washington Square Press, 1993,p. 66.

⑥ Sartre,*Being and Nothingness*: *A Phenomenological Essay on Ontology*,Trans. Hazel E. Barnes,New York:Washington Square Press, 1993,p. 69.

直接的存在中,在反思前的我思的内在结构中,是其所不是又不是其所是"①。

既然真诚与自欺没有区别,无论哪种相信都是不可信,是否意味着人总是处在自欺之中,总是可以逃避自由,那么人在本体论上的自由不是不复存在了吗? 萨特在讨论自欺的最后一节的一个注解中,提到了避免自欺的可能性:"如果真诚或自欺之间没有区别,那是因为自欺重新把握了真诚并且溜进它的谋划的起源本身之中,这不是说人们根本不可能逃避自欺。但这样就假设了被它先前所毁坏的一种存在的自身恢复(a self-recovery of being),我们称之为本真性(authenticity),而这里还不是说明它们的地方"②。显然他认为自欺与真诚在《存在与虚无》中不是伦理学意义上的概念,而是现象学本体论概念,本真性才是伦理学的论题,所以他认为在此可以暂且搁置。

萨特认为,真正对人的自由构成威胁的不是自欺,自由只能由自由来限制,如同斯宾诺莎所说的思想只能由思想来限制一样,所以他人的自由是对自我的自由的真正的限制。下面我们就来看看萨特如何讨论自由与他人问题。

第二节　注视与他人

在《存在与虚无》中,萨特专门用了四分之一的篇幅即整整一卷来讨论他人问题,可见此问题在他的现象学本体论中的重要性。他认为,在他人问题上,要回答两个难题:"首先,是他人实存(the existence of the Other);其次,是我的存在与他人的存在(my being to the being of the

---

① Sartre, *Being and Nothingness: A Phenomenological Essay on Ontology*, Trans. Hazel E. Barnes, New York: Washington Square Press, 1993, p. 67.
② Sartre, *Being and Nothingness: A Phenomenological Essay on Ontology*, Trans. Hazel E. Barnes, New York: Washington Square Press, 1993, p. 70.

Other)之关系"①。也就是说,萨特认为如何证明他人的实存以及自我与
他人是何种关系是他人哲学要解决的关键问题。

在萨特看来,实在论和观念论都没有很好地解决这两个难题。实
在论者从未真正被他人问题所困惑,因为他们认为"给出一切"也就
"给出了他人"②,他人是在一切实在的东西中最为实在的事物,是和我
具有同样本质的思想实体。但是,就实在论者试图通过世界对思想实
体的作用获得知识来说,他们并不关心建立各思想实体之间的直接和
交互的作用,因为"他们是借世界为中介互相沟通的;在他人的意识和
我的意识之间,我的身体像世界的事物和他人的身体一样,是必要的
中介"③。萨特很不屑地讥讽了实在论对他人实存的这种论证,他说:
"即使人们承认我的心直接面对他人身体在场,我要达到他人之心也
还差了整整一个身体的厚度"④。也就是说,即使我们承认他人的身
体具有自明性,能对我的意识显现,他人的意识并非也能明白无误地
对我的意识显现。所以,即使实在论认为时空事物的可靠性在于它们
面对"人的意识"在场,他也不能要求他人之心具有同样的自明性,他
人之身体在指向我的心时不会提供他人之心,因为"他人之心是一个
不在场,是一个意义"⑤。所以,"在一个立足于直观的哲学中,没有任何
对他人之心的直观"⑥。另外,这一身体之所以是人的身体,是因为它

① 参见 Sartre,*Being and Nothingness*:*A Phenomenological Essay on Ontology*,Trans. Hazel E. Barnes,New York:Washington Square Press,1993,p. 223。

② Sartre,*Being and Nothingness*:*A Phenomenological Essay on Ontology*,Trans. Hazel E. Barnes,New York:Washington Square Press,1993,p. 223.

③ Sartre,*Being and Nothingness*:*A Phenomenological Essay on Ontology*,Trans. Hazel E. Barnes,New York:Washington Square Press,1993,p. 223.

④ Sartre,*Being and Nothingness*:*A Phenomenological Essay on Ontology*,Trans. Hazel E. Barnes,New York:Washington Square Press,1993,p. 223.

⑤ Sartre,*Being and Nothingness*:*A Phenomenological Essay on Ontology*,Trans. Hazel E. Barnes,New York:Washington Square Press,1993,p. 223.

⑥ Sartre,*Being and Nothingness*:*A Phenomenological Essay on Ontology*,Trans. Hazel E. Barnes,New York:Washington Square Press,1993,p. 223.

存在于"人的实在"的不可分割的整体之中，正如人的手只有在人有机的整体中才是有生命的手一样。然而在实在论看来，人的身体是孤零零的，正如一块石头或一块蜡一样，不包含在人的整体之中。总之，萨特认为"实在论的缺陷在于把他人心灵的可靠性建立在时空事物'亲自'面对我的意识的在场上，他们并不把身体包含在人的整体之中"①。在萨特看来，实在论者最后"在面对他人实存时被迫回到观念论"，因为身体若成了思想的对象，他人就成了纯粹的表象，"他人的实存就是由我们对他的认识来衡量的"②。

在萨特看来，观念论对他人实存的解释并不比实在论合理，他对观念论的代表人物康德的他人观做了分析与批判。

萨特不认为康德哲学因其致力于确立主体性的普遍法则，就不存在他人问题的困扰。他认为，在严格的康德主义的观点中，必须追问对他人的认识如何可能，必须"确定对他人的经验的可能性条件"③。萨特敏锐地洞察到了康德哲学蕴含着他人哲学的元素，但是他认为康德哲学在他人问题上的解释存在着理论上的盲点。萨特指出："康德事实上致力于确立主体性的普遍法则，这些法则对所有人都是共同的，他并没有涉及个人的问题（the question of persons）"④。主体只是这些个人的共同本质，但这一共性并不能决定他们的个别性、多样性，更不能代替他人实存。康德批判哲学不仅考察了一般对象的可能性条件，而且是各种范畴的对象的可能性条件，却疏忽了他人问题。既然康德主义者认为他人在我们的经验中是"给定（given）"的，"他人是一个对象而且是一个特殊的

① 杜小真：《存在与自由的重负——解读萨特〈存在与虚无〉》，山东人民出版社 2002 年版，第190 页。
② Sartre, *Being and Nothingness: A Phenomenological Essay on Ontology*, Trans. Hazel E. Barnes, New York: Washington Square Press, 1993, p. 224.
③ Sartre, *Being and Nothingness: A Phenomenological Essay on Ontology*, Trans. Hazel E. Barnes, New York: Washington Square Press, 1993, p. 225.
④ Sartre, *Being and Nothingness: A Phenomenological Essay on Ontology*, Trans. Hazel E. Barnes, New York: Washington Square Press, 1993, p. 225.

对象"①,所以应该追问对他人这个特殊对象的认识何以可能。同时,康德将"我在他人那看到的东西"混同于"我在我本身中发现的东西",他人的存在等同于我对他人的经验感受。康德认为,我们认识的对象不是"自在之物",而是先验自我将"自在之物"刺激我们的感官而形成的感觉经验综合起来的现象。"他人是一个推到别的现象的现象,推到他相对于我感到的愤怒现象,推到作为他的内感觉现象向他显现的一系列思想",由此得出,"我在他人那里看到的东西只不过是我在我本身中发现的东西"②。然而,康德的"规整概念(regulative concept)"的性质也完全不适用于"他人"。在康德看来,"他人的意识"与"我的意识",以及在"他人经验"和"我的经验"之间应"规整"起来。萨特则认为,"他人是一个完全不同于我自己的意义和经验系统的存在,是一些不同的现象系列在流逝过程中指向的固定框架,这一框架原则上外在于我的体验并被逐步填满",我直观不到他人的体验,这种构成和统一的"规整"不能用来统一自我的经验,因此"不能用规整概念来描述他人"③。

因此,在萨特看来,无论是实在论主张的"通过他人的身体来把握他人",还是观念论把"我的身体和他人的身体"还原为"一些客观的表象系统",这里的基本预设是"他人其实就是别人,即不是我自己的那个自我;因此我们把否定当成他人—存在(being-of-others)的构成性结构",但是,这种"构成性的否定(the constituting negation)是一种外在否定"④。萨特认为,为了摆脱实在论和观念论的他人哲学困境,既要避免唯我论又不至于求助于上帝,就必须把自我与他人的原始关系的"外在否定"转

① Sartre,*Being and Nothingness*:*A Phenomenological Essay on Ontology*,Trans. Hazel E. Barnes,New York:Washington Square Press,1993,p. 225.

② Sartre,*Being and Nothingness*:*A Phenomenological Essay on Ontology*,Trans. Hazel E. Barnes,New York:Washington Square Press,1993,p. 226.

③ Sartre,*Being and Nothingness*:*A Phenomenological Essay on Ontology*,Trans. Hazel E. Barnes,New York:Washington Square Press,1993,p. 228.

④ Sartre,*Being and Nothingness*:*A Phenomenological Essay on Ontology*,Trans. Hazel E. Barnes,New York:Washington Square Press,1993,p. 230.

变为"内在否定"，即"以他人规定我又以我规定他人的严格意义而言，设定了他人与我本身的原始区别"①。萨特问道："按这种观点考察这个问题可能吗？"②接下来，他试图从胡塞尔、黑格尔及海德格尔的他人哲学中寻求答案。

胡塞尔从先验意识出发来考察他人问题，萨特认为这对于"古典学说来说实现了一种进步"，并且对于胡塞尔不是来自经验或因经验而起作用的类比推理，也是"可以肯定的"，但是萨特指出"尽管胡塞尔的理论有这些毋庸置疑的优越性，却与康德的理论没有显著的不同"③。首先，胡塞尔的"超验主体"之间不能建立任何"交互性"。胡塞尔所论及的自我与他人关系不是经验层面的，而是"超乎经验之外的超验主体（transcendental subjects）"之间的。如果像胡塞尔那样认为"超验主体就是归向别的主体来构成作为对象的意识之总体"，就很容易得出"它（超验主体）之归向别的主体就是归向一些意义"④。他人范畴的权力限于世界，其价值是在世界中并通过世界统一概念的内容，然而他人"从根本上讲是在世界之外的"⑤，交互主体性也就成为不可能的。其次，胡塞尔把存在定义为"对所进行的活动的无限系列的素朴的象征"，因此"消除了理解他人之超世界存在的可能意义的这种可能性本身"⑥。胡塞尔"甚至承认了一般认识是衡量存在的"，并且用"我从他那里获得的认识"

① Sartre, *Being and Nothingness*: *A Phenomenological Essay on Ontology*, Trans. Hazel E. Barnes, New York: Washington Square Press, 1993, p. 232.

② Sartre, *Being and Nothingness*: *A Phenomenological Essay on Ontology*, Trans. Hazel E. Barnes, New York: Washington Square Press, 1993, p. 232.

③ Sartre, *Being and Nothingness*: *A Phenomenological Essay on Ontology*, Trans. Hazel E. Barnes, New York: Washington Square Press, 1993, p. 234.

④ Sartre, *Being and Nothingness*: *A Phenomenological Essay on Ontology*, Trans. Hazel E. Barnes, New York: Washington Square Press, 1993, p. 234.

⑤ Sartre, *Being and Nothingness*: *A Phenomenological Essay on Ontology*, Trans. Hazel E. Barnes, New York: Washington Square Press, 1993, p. 234.

⑥ Sartre, *Being and Nothingness*: *A Phenomenological Essay on Ontology*, Trans. Hazel E. Barnes, New York: Washington Square Press, 1993, p. 234.

来衡量"他人的存在",这实际上是不可能的。因为这假设"我本身和他人内在同一",但实际上两者之间存在着"根本区别的"——"不是由于我们身体的外在性,而只是由于我们每一个都是内在地存在,并且一种内在有效的认识只能在内在性中进行"①。最后,胡塞尔哲学无法逃避唯我论。面对唯我论的责难,胡塞尔指出"他人的存在像世界的存在一样可靠",然而世界的存在是通过"我"对它的认识来衡量的,因此对于作为世界一部分的"他人"也只能通过"认识"来衡量。也就是说,即使在经验的自我之外没有别的,只有对这个自我的意识(一个无主体的超验领域),"我对他人存在的确定仍然需要世界之外一个类似的超验的领域存在;然后,逃避唯我论的唯一方式在这里还是证明我的超验意识,在其存在本身中,是被别的同类意识的超世界存在所影响的"②。但是,在萨特看来,由于胡塞尔把"存在还原为一系列意义",这样在我的存在与他人的存在之间所建立的关系只能是"认识"关系,因而他"像康德一样无法逃避唯我论"③。

对萨特来说,虽然黑格尔生活的年代早于胡塞尔好多年,但是黑格尔的他人哲学较之后者要成熟得多,"如果不遵循年代顺序法则,而依照一种无时间的辩证法则,黑格尔在《精神现象学》第一卷对问题的解决相较胡塞尔所提出的解决来说就是一种进步"④。萨特对黑格尔的他人哲学最感兴趣的是把自我和他人的问题归结于诸意识的存在问题。"黑格尔天才的直观在这里使我在我的存在中依赖别人",这意味着"我"是因为一个别人才是自为的存在,所以"别人是渗透到我内心中的——我要

① Sartre, *Being and Nothingness: A Phenomenological Essay on Ontology*, Trans. Hazel E. Barnes, New York: Washington Square Press, 1993, p. 234.

② Sartre, *Being and Nothingness: A Phenomenological Essay on Ontology*, Trans. Hazel E. Barnes, New York: Washington Square Press, 1993, p. 235.

③ Sartre, *Being and Nothingness: A Phenomenological Essay on Ontology*, Trans. Hazel E. Barnes, New York: Washington Square Press, 1993, p. 235.

④ Sartre, *Being and Nothingness: A Phenomenological Essay on Ontology*, Trans. Hazel E. Barnes, New York: Washington Square Press, 1993, p. 235.

是不怀疑我自己也就不能怀疑他"①。接下来,萨特总结了黑格尔的他人哲学较之胡塞尔的两点"进步之处":其一,"构成他人的否定是直接、内在和相互的"②,正如上文提到的各自我意识间的否定是来自"我是我"这一事实,而不是来自外在的,并且这种否定不是单向的,而是建立在"一个在另一个中的自我把握的相互关系的基础之上";其二,"它(他人的否定)在其最深的存在中攻击并损害任何意识,(这一)问题是在内在的存在、普遍和超越的'我'的水平上提出的",最终我正是在"我的本质存在"中依赖"他人的本质存在",但是不应该把"我为我本身的存在"与"我为他的存在"对立起来,因为"为他的存在"是显现为"我为我本身的存在"的一个必要条件。③ 尽管如此,在萨特看来,其理论仍然存在着一些不足之处。萨特认为,黑格尔他人理论最大的缺陷还是将"存在和认识看成是同一的"④。虽然黑格尔确实研究了自为的存在和为他的存在,并认为"任何意识都是包含着他人的实在(the reality of the other)",但是"这个本体论问题仍然确实是用认识的术语表示出来的"⑤。这样,黑格尔在保留了观念论的基础之上回答了观念论提出的"别人如何能是为我的对象"这一问题,在他这里,"认识仍然是存在的尺度"⑥。

　　通过以上批判,萨特得出结论:"如果我们要驳斥唯我论的话,自我和他人的关系从根本上来讲首先是存在与存在的关系(a relation of

① Sartre, *Being and Nothingness : A Phenomenological Essay on Ontology*, Trans. Hazel E. Barnes, New York: Washington Square Press, 1993, p. 237.

② Sartre, *Being and Nothingness : A Phenomenological Essay on Ontology*, Trans. Hazel E. Barnes, New York: Washington Square Press, 1993, p. 238.

③ 参见 Sartre, *Being and Nothingness : A Phenomenological Essay on Ontology*, Trans. Hazel E. Barnes, New York: Washington Square Press, 1993, p. 239。

④ 参见 Sartre, *Being and Nothingness : A Phenomenological Essay on Ontology*, Trans. Hazel E. Barnes, New York: Washington Square Press, 1993, p. 240。

⑤ Sartre, *Being and Nothingness : A Phenomenological Essay on Ontology*, Trans. Hazel E. Barnes, New York: Washington Square Press, 1993, p. 238.

⑥ Sartre, *Being and Nothingness : A Phenomenological Essay on Ontology*, Trans. Hazel E. Barnes, New York: Washington Square Press, 1993, p. 238.

being to being），而不是认识与认识的关系"，胡塞尔的失败在于在特殊的水平上"以认识来衡量存在"，而黑格尔的缺陷则是"把认识和存在同一"①。

萨特认为海德格尔得益于前人的思考，确信人与人之间有这样一种"双重必然性"：第一，诸种"人的实在"关系应该是一种存在关系；第二，这种关系应该使诸种"人的实在"在其本质存在中互相依赖。海德格尔的"共在"理论就是对这一"双重必然性"的具体阐述，但是在萨特看来，这一理论是"仓促而且有些野蛮的"②。因为海德格尔直接把"共在"作为人的在世存在的本质结构，断言自我与他人的共在关系构成了人的实在，这就使得他人问题成了一个"虚假的问题"③。再者，虽然海德格尔揭示了他人的在世存在，把他人看作与自己同等地位的"此在"，从而真正地使他人超出了意识范畴，进入了一个存在领域，但是萨特指出"我们不能认为这个回答是完满的"④。海德格尔的一个主要缺陷在于他对"共在"的强调，并以此来替代自我与他人之间的对立。海德格尔的"共在"，并不是指一种"相互的认知关系和冲突关系"，更多的是"一种人的实在性表现的结果"，"对于这个世界的开拓来说，它所表现的更多的是一种本体论上的联结（a sort of ontological solidarity）"⑤。正如多迈尔指出的："以萨特所见，这种对共处性的强调和对人类间对抗的忽略，可以归诸海德格尔本体论的一种普泛性的认识论倾向。即是说，可以归诸他

① Sartre, *Being and Nothingness*: *A Phenomenological Essay on Ontology*, Trans. Hazel E. Barnes, New York: Washington Square Press, 1993, p. 244.

② Sartre, *Being and Nothingness*: *A Phenomenological Essay on Ontology*, Trans. Hazel E. Barnes, New York: Washington Square Press, 1993, p. 244.

③ Sartre, *Being and Nothingness*: *A Phenomenological Essay on Ontology*, Trans. Hazel E. Barnes, New York: Washington Square Press, 1993, p. 245.

④ Sartre, *Being and Nothingness*: *A Phenomenological Essay on Ontology*, Trans. Hazel E. Barnes, New York: Washington Square Press, 1993, p. 247.

⑤ Sartre, *Being and Nothingness*: *A Phenomenological Essay on Ontology*, Trans. Hazel E. Barnes, New York: Washington Square Press, 1993, p. 245.

对此在的描述,和他把此在的存在关联描述为一种先验意识结构的做法。"①最后,"海德格尔的超越性(transcendence)是一个自欺的概念"②。虽然它旨在超越观念论,并且就观念论对我们展示出一种"本身静止而且静观其自己的形象的主观性"而言,它达到了目的。但是,这样被超越的观念论只是观念论的一种"折中"形式,一种经验批判主义的"心理逻辑主义"。"海德格尔的人的实在是'在自身之外实存(exists outside itself)',但是它恰恰是自我的定义(definition of the self)"③。人的实在既不同于柏拉图的出神——存在在其中实在地异化了,也不同于马勒伯朗士对上帝的看法——作为造物者不时地对世界万物进行干预,还不同于我们自己的出神和内在否定的概念。因此,萨特指出:"海德格尔没有脱离观念论……事实上,人的实在在不可能达到逃离自我的限度内发现的仍是自我——逃离自我就是向自我逃离,世界显现为自我与自我之间的纯粹距离(the pure distance between the self and the self)。"④

　　因此,"《存在与时间》要同时超越一切观念论和一切实在论的努力是徒劳的"⑤。而且,当涉及建构和人类一样的各种具体存在的实存时,海德格尔使"人的实在"脱离其孤独状态所遇到的仍然是一般观念论遇到的困难。他似乎逃避了这些困难,时而把"离开自我"当作"离开自我走向自我",时而又把它当作"离开自我在他人中",然而这两种"离开自我"的方式严格说来是"不可共存"的,"人的实在就是在其各种出神(ekstases)中也是孤独的",因为"他人的实存本质上是一个偶然的、不可

① [美]弗莱德·R. 多尔迈:《主体性的黄昏》,万俊人译,上海人民出版社 2004 年版,第 81—82 页。
② Sartre, *Being and Nothingness*: *A Phenomenological Essay on Ontology*, Trans. Hazel E. Barnes, New York: Washington Square Press, 1993, p. 249.
③ Sartre, *Being and Nothingness*: *A Phenomenological Essay on Ontology*, Trans. Hazel E. Barnes, New York: Washington Square Press, 1993, p. 249.
④ Sartre, *Being and Nothingness*: *A Phenomenological Essay on Ontology*, Trans. Hazel E. Barnes, New York: Washington Square Press, 1993, p. 249.
⑤ Sartre, *Being and Nothingness*: *A Phenomenological Essay on Ontology*, Trans. Hazel E. Barnes, New York: Washington Square Press, 1993, p. 249.

还原的事实（a contingent and irreducible fact）"，因此"我们遇见（encounter）他人，但不能构成（constitute）他人"①。

在深入剖析了康德、胡塞尔、黑格尔、海德格尔等人的他人哲学思想之后，萨特认为要真正建立有关他人存在的理论，应从以下几个方面着手：其一，有关"他人"的理论并不在于"提供对于他人的实存的新证明"②，不是臆测他人的存在，而是"要在我的存在中（in my being）向我考问、阐明和明确这一肯定的意义，尤其是说明这种确定性的基础本身，而非发明一种证明"③。其二，要从"我思"出发来考察他人问题。"黑格尔的失败已提示我们，唯一可能的出发点是笛卡尔的我思"④，因为唯有"我思"在他人存在的必然性这一事实的基础上才能确立"我们"，从而使作为他人的实存的"我思"和我自己的"我思"融为一体。其三，"我思应该向我们揭示的不是作为对象的他人"⑤，而是"在我们的人为性（facticity）的体验中具体地'本体地（ontically）'涉及我们的存在（being）"⑥，因为如果他人是"对象"，那么他就是建立在我们无数的表象的汇合上的，这样就会回到或然性。因此，他人首先不是作为对象向我思呈现，也不是作为我们认识世界构成的因素。其四，他人理论要求一种"否定"的出发点，并且这种否定不是"纯粹的外在否定"，不是像分开的两个实体一样来理解自我与他人之间的关系，而是一种"内在否定"，这意味着在"互相

① Sartre, *Being and Nothingness*: *A Phenomenological Essay on Ontology*, Trans. Hazel E. Barnes, New York: Washington Square Press, 1993, p. 250.
② Sartre, *Being and Nothingness*: *A Phenomenological Essay on Ontology*, Trans. Hazel E. Barnes, New York: Washington Square Press, 1993, p. 250.
③ Sartre, *Being and Nothingness*: *A Phenomenological Essay on Ontology*, Trans. Hazel E. Barnes, New York: Washington Square Press, 1993, p. 250.
④ Sartre, *Being and Nothingness*: *A Phenomenological Essay on Ontology*, Trans. Hazel E. Barnes, New York: Washington Square Press, 1993, p. 251.
⑤ Sartre, *Being and Nothingness*: *A Phenomenological Essay on Ontology*, Trans. Hazel E. Barnes, New York: Washington Square Press, 1993, p. 251.
⑥ Sartre, *Being and Nothingness*: *A Phenomenological Essay on Ontology*, Trans. Hazel E. Barnes, New York: Washington Square Press, 1993, p. 252.

否定"中构成两项综合能动的联系。因此,"这种关系将是交互的
(reciprocal)和双重内在的"①。首先,这意味着"他人的多数性不是集合
而是整体(a collection but a totality)"②。其次,这种整体是"去整体化
的整体(a detotalized totality)"③,正如自为的存在一样,既然为他的存
在是对他人的彻底否定,对他人的任何整体化和统一的综合都是不可
能的。

接下来,萨特对"注视"做了现象学分析,具体解释了以上观点,即从
我思出发来考察他人的注视下自我产生的人为性体验,这种自我的人
为性体验是我对于自身的对象性存在的把握,它表明自我与他人在本体
论上是内在否定关系。

在《存在与虚无》前两卷中,萨特从否定行为和我思出发描述了人的
实在,得出"人的实在自为地存在"这一结论,但他认为这并未将人的实
在的本体论结构包揽无余。在人的自我意识的建构中,他人是不可或缺
的一个环节,因为"我需要他人完全把握我的存在的一切结构"④。他人
为我揭示了我的存在的另一个维度——"为他的存在",这是我与他人相
遇时我体验到的,它没有"为我存在(being-for-me)",但仍然是我的体
验,它"在自身中严格保持为自为",因此是"我的存在的存在(a being
which is my being)"⑤。这样,从"自为"的我思出发,通过他人这个中
介,就达到了自我的"为他的存在"这样一个新的本体论维度。萨特通过
对"注视"做出现象学描述具体地阐释了这一自我与他人相遇的本体论

① Sartre, *Being and Nothingness*: *A Phenomenological Essay on Ontology*, Trans. Hazel E. Barnes, New York: Washington Square Press, 1993, p. 252.
② Sartre, *Being and Nothingness*: *A Phenomenological Essay on Ontology*, Trans. Hazel E. Barnes, New York: Washington Square Press, 1993, p. 252.
③ Sartre, *Being and Nothingness*: *A Phenomenological Essay on Ontology*, Trans. Hazel E. Barnes, New York: Washington Square Press, 1993, p. 252.
④ Sartre, *Being and Nothingness*: *A Phenomenological Essay on Ontology*, Trans. Hazel E. Barnes, New York: Washington Square Press, 1993, p. 222.
⑤ Sartre, *Being and Nothingness*: *A Phenomenological Essay on Ontology*, Trans. Hazel E. Barnes, New York: Washington Square Press, 1993, p. 221.

意义。这意义正如丹·扎哈维所评论的："对于胡塞尔和萨特而言,存在着一些反思的类型,它们包含着从他人视角出发的自身领会,因而这些反思的可能性条件便在于与他人的相遇以及他人的介入。换言之,存在着一些类型的自身领会,它们的根源不在自身之中,而是取决于彻底的他异性。"①

他人的注视好像是日常经验中的看见与被看见的很平常的现象,比如萨特举出的偷窥者的例子,但他做出的是很深刻的现象学分析,用的是第一人称的反思视角。

假设我是偷窥者,出于某种心理而无意中把耳朵贴在门上,试图透过锁孔向里窥视。我单独一人,只有一种非设定性的自身意识,"这意味着没有自我居于意识之中,因此没有任何东西我能对之联系上我的行动以便规定我的行动。这些行动全然不被认识,而我就是我的行动"②。这时我只有我的自身意识和我对世界的反思前的意识。这是一种原初的自由意识,是作为虚空的意识,它通过我的行动介入世界之中,世界也向我的意识显现。我身处的环境是我的处境,但这个处境并不阻碍我的自由,"它以要自由完成的任务的形式向我反映我的自由"③。因此,我还不能将自己定义为在处境中的存在,因为"首先,我不是对我自身的设定意识;其次,我是自己的虚无"④。也就是说,这时我前反思地体验到的是我的自由,是我的超越性,是我的纯粹的虚无。但是,这时我听到了走廊的脚步声:有人注视我。这意味着"我在我的存在中突然被触及了(affected),一些本质的变化在我的结构中显现——我能通过反思的我思

---

① ［丹麦］丹·扎哈维:《主体性和自身性:对第一人称视角的探究》,蔡文菁译,上海译文出版社2008年版,第119页。

② Sartre, *Being and Nothingness*: *A Phenomenological Essay on Ontology*, Trans. Hazel E. Barnes, New York: Washington Square Press, 1993, p. 259.

③ Sartre, *Being and Nothingness*: *A Phenomenological Essay on Ontology*, Trans. Hazel E. Barnes, New York: Washington Square Press, 1993, p. 260.

④ Sartre, *Being and Nothingness*: *A Phenomenological Essay on Ontology*, Trans. Hazel E. Barnes, New York: Washington Square Press, 1993, p. 260.

在观念上把握和确定的变化"①。

这变化首先在于,原来我是作为我对我的未反思的意识而存在,这里只有对世界的意识,没有自我对之显现,但是"现在自我来纠缠(haunt)未反思的意识",而这未反思的意识把握到的自我是"为他的对象",这意味着"我一下子意识到我,是由于我脱离了我,而不是由于我是我自己的虚无的基础,因为我有我在我之外的基础。我只是作为纯粹对他人的转移才为我存在"②。因为我在偷窥时,他人的注视让我感到羞耻,这是一种未反思的意识。但羞耻又是对自我的羞耻,"它承认我就是他人注意和判断的对象。我只能因为我的自由脱离了我,成了给定的对象,而对我的自由感到羞耻。这样,我的未反思的意识一开始和我的被注视的自我的关系就不是一种认识的关系而是存在的关系"③。"羞耻"向我揭示了我与这个被他人注视的我之间首先是存在关系,因为被他人注视使我成了他人的对象,而非我自己的对象,我只是"别人认识着的那个我"④。他人能认识我,那么他人就是主体,就是自由的存在,我成了对象,成了他人的对象,我的自由就受到了限制,我成了我之所是、为他所是的存在,"他人的自由就通过我为他所是的令人不安的非决定性的存在(the uneasy indetermination of the being)向我揭示出来。这样,这个存在不是我的可能,它并不是总在我的自由内部的问题中,相反它是我的自由的限制"⑤。这种限制就是,本来我是没于世界中的自由存在,可

---

① Sartre, *Being and Nothingness*: *A Phenomenological Essay on Ontology*, Trans. Hazel E. Barnes, New York: Washington Square Press, 1993, p. 260.

② Sartre, *Being and Nothingness*: *A Phenomenological Essay on Ontology*, Trans. Hazel E. Barnes, New York: Washington Square Press, 1993, p. 260.

③ Sartre, *Being and Nothingness*: *A Phenomenological Essay on Ontology*, Trans. Hazel E. Barnes, New York: Washington Square Press, 1993, p. 261.

④ Sartre, *Being and Nothingness*: *A Phenomenological Essay on Ontology*, Trans. Hazel E. Barnes, New York: Washington Square Press, 1993, p. 261.

⑤ Sartre, *Being and Nothingness*: *A Phenomenological Essay on Ontology*, Trans. Hazel E. Barnes, New York: Washington Square Press, 1993, p. 262.

以有多种可能性,现在"注视使我的可能性固化和异化(solidification and alienation)",我只是被当成了"弯腰伏在锁眼上的"①那个人;我的世界和对象本来是我的可能,现在"这种可能性脱离了我,也就是说它被别人超越走向他自己的可能性"②。因此,"他人就是我的可能性的隐藏起来的死亡,只要我活着这种死亡就隐藏在世界中"③。

从萨特对注视的这些具体的现象学描述中,我们可以概括出他的他人哲学的几个要点。

第一,羞耻等情绪体验可以证明他人的实存,因为"羞耻按其原始结构是在某人面前的羞耻"④。扎哈维说:"在萨特看来,羞耻不是一种我能够自行产生出来的感受,它预设了他人的介入,这并不仅仅因为我正是在他人面前才感到羞耻,而且,更为重要的是,他人构成了那个我为其感到羞耻的东西。"⑤笔者同意前半句,但对后半句不敢苟同。因为在萨特这里,我只有承认自己成了他人的对象羞耻才会产生,"羞耻根本上是承认。我承认我就是他人所看见的那个样子"⑥。所以,羞耻不是对他人的羞耻,而是对他人揭示出来的我的"为他的存在"的羞耻。羞耻是前反思的意识,但可以通过反思把握到它,在对羞耻的反思中,我只能遇到我的意识,他人却成了"我和我本身之间不可或缺的中介:我对我自己感到羞耻,因为我向他人显现。而且,通过他人的显现本身,我才能像对一个对

---

① Sartre, *Being and Nothingness*: *A Phenomenological Essay on Ontology*, Trans. Hazel E. Barnes, New York: Washington Square Press, 1993, p. 263.

② Sartre, *Being and Nothingness*: *A Phenomenological Essay on Ontology*, Trans. Hazel E. Barnes, New York: Washington Square Press, 1993, pp. 263 - 264.

③ Sartre, *Being and Nothingness*: *A Phenomenological Essay on Ontology*, Trans. Hazel E. Barnes, New York: Washington Square Press, 1993, p. 264.

④ Sartre, *Being and Nothingness*: *A Phenomenological Essay on Ontology*, Trans. Hazel E. Barnes, New York: Washington Square Press, 1993, p. 221.

⑤ [丹麦]丹·扎哈维著:《主体性和自身性:对第一人称视角的探究》,蔡文菁译,上海译文出版社 2008 年版,第 219 页。

⑥ Sartre, *Being and Nothingness*: *A Phenomenological Essay on Ontology*, Trans. Hazel E. Barnes, New York: Washington Square Press, 1993, p. 222.

象做判断一样对我本身做判断,因为我正是作为对象对他人显现的"①。
我独自一人时,通过前反思意识介入世界,此时我对自身显现的是我的
自为存在的一维,超越性存在的一维;在注视之下,"我向他人显现"的是
我的新的存在的一维,对象性存在的一维,"他人不仅向我揭示了我是什
么:他还确立我在一种有着新的特质的新的存在类型中(in a new type of
being)。这个存在在他人显现之前并不潜在地在我之中,因为它在自为
中没有任何地位"②。这新的一维就是我的"为他(For-others)"存在,它
是"我的本体论结构,它在与我自身的关系中作为主体来关心自己,然而
这种关心[为我(for-my-self)]向我揭示的是一个没有'为我的存在'的又
是 我 的 存 在 的 存 在 (a being which is my being without being-for-
me)"③。我的"为他的存在"之所以不是我的,是因为它不是源于我自己
的自由存在;它之所以又是我的,是因为我承认了我是那个他人所认为
的对象性存在。总之,他人的注视让我产生了羞耻等情绪体验,这是我
单独存在时不可能有的体验,在此体验中,我获得了一个新的存在维度,
我的对象性存在的一维得以显现。因此,从"我思"出发可反证他人的实
存,"他人的无可置疑性和事实必然性就是我自己的意识的无可置疑性
和事实必然性"④。对此,正如扎哈维所阐释的:"正是当我体验到自己的
客体性时——为了一个陌生主体并且在它面前时——我才对作为主体
的他人的在场具有了体验上的明证性。"⑤也就是说,他人存在的事实(现

---

① Sartre, *Being and Nothingness*: *A Phenomenological Essay on Ontology*, Trans. Hazel E. Barnes, New York: Washington Square Press, 1993, p. 222.

② Sartre, *Being and Nothingness*: *A Phenomenological Essay on Ontology*, Trans. Hazel E. Barnes, New York: Washington Square Press, 1993, p. 222.

③ Sartre, *Being and Nothingness*: *A Phenomenological Essay on Ontology*, Trans. Hazel E. Barnes, New York: Washington Square Press, 1993, p. 221.

④ Sartre, *Being and Nothingness*: *A Phenomenological Essay on Ontology*, Trans. Hazel E. Barnes, New York: Washington Square Press, 1993, p. 275.

⑤ [丹麦]丹·扎哈维:《主体性和自身性:对第一人称视角的探究》,蔡文菁译,上海译文出版社 2008 年版,第 219 页。

象学意义上的事实）是基于我的"为他的存在"这样一个新的本体论维度的。

第二，他人只有作为自由存在的主体向我显现，才有可能将我的对象性的一维作为"为他的存在"揭示出来。在注视中，我作为对象性存在被他人揭示，他人也向我显现，"他人不是作为对象给予我们的，他人的对象化是他作为注视存在的颠覆"①。与之相反，他人的注视却是我的对象性的必要条件。他人的注视通过世界达于我，不仅改变了我，还改变了我的世界。在注视中，他人将我的可能性固化和异化，将我当成"是其所是"的存在，当成是有特定属性的自在存在，"单独的我不能实现我的'坐着的存在'，至多人们能说我同时是它又不是它。他人注视着我就足以使我是我所是了"②。这正是他人作为自由存在，作为超越性的存在才能做得到的，"他人在把我的可能性凝固起来时，向我揭示出来的不可能是对象，除非是对另一个自由而言"③。因此，"他人是在我对象化的逃逸中向我揭示的主体"，他人首先不是被我们注视的人，恰恰相反，他人原则上是"注视着我的人"，因此，"'被别人看见'是'看见—别人'的真理"④。

第三，注视是日常生活中"看见"与"被看见"的现象，更是自我与他人现象学本体论意义上的相遇关系，它描述的是我意识到被他人看到，被他人对象化的过程。"朝向我的一切注视都在我们的知觉领域中与一个可感形式的显现的联系中表露出来，但可能与人们期望的相反，它与任何被决定的形式无关。当然，最经常地表露一种注视的是来自双眼对

---

① Sartre, *Being and Nothingness*：*A Phenomenological Essay on Ontology*, Trans. Hazel E. Barnes, New York：Washington Square Press, 1993, p. 268.

② Sartre, *Being and Nothingness*：*A Phenomenological Essay on Ontology*, Trans. Hazel E. Barnes, New York：Washington Square Press, 1993, p. 262.

③ Sartre, *Being and Nothingness*：*A Phenomenological Essay on Ontology*, Trans. Hazel E. Barnes, New York：Washington Square Press, 1993, p. 270.

④ Sartre, *Being and Nothingness*：*A Phenomenological Essay on Ontology*, Trans. Hazel E. Barnes, New York：Washington Square Press, 1993, p. 257.

我的凝视。但它也完全可以因树枝的沙沙声,寂静中的脚步声,百叶窗的微缝,窗帘的轻微晃动而表现出来。"①也就是说,注视除了用眼睛以外,它指的是一个不确定的他人的普遍在场。通过羞耻等情绪体验我察觉到他人有可能在场才是注视的关键点,而他人的实际在场并非必要条件。"注视的本性"是"在任何注视中,都有一个对象——他人作为我的知觉领域中具体的和或然的在场的显现,我决定我自己通过羞耻、焦虑等把握我的'被注视的存在'"②。我的"被注视的存在"即对象性的存在通过羞耻等情绪被我具体地体验到,这才是"我思"的不可怀疑的可靠性与自明性,他人的在场只是一种或然性而非确定性。

第四,注视所揭示出来的自我与他人的关系是本体论上的内在否定关系,"它在他人规定我又以我规定他人的严格意义上,设定了他人与我自身的原初区别"③。实在论和观念论将自我与他人看成是"构成性的否定"关系,他们将他人看成是"不是我和我所不是的人",这是一种"外在否定"④。因为这种否定不是源自我本身,而是源于外在的空间的分离,就如同不同实体之间的区分一样,或者借助于"第三人"的见证来设定这种关系,因此"对观念论者来说,与实在论者一样,结论只能是:由于他人在一个空间世界中向我们揭示出来,就正是实在的或理想的空间把我们和他人分开的"⑤。这样做的后果是"当他人不能以他的存在作用于我的存在时,他向我揭示的唯一方式就是向我的认识显现为

① Sartre, *Being and Nothingness*: *A Phenomenological Essay on Ontology*, Trans. Hazel E. Barnes, New York: Washington Square Press, 1993, p. 257.

② Sartre, *Being and Nothingness*: *A Phenomenological Essay on Ontology*, Trans. Hazel E. Barnes, New York: Washington Square Press, 1993, p. 280.

③ Sartre, *Being and Nothingness*: *A Phenomenological Essay on Ontology*, Trans. Hazel E. Barnes, New York: Washington Square Press, 1993, p. 232.

④ Sartre, *Being and Nothingness*: *A Phenomenological Essay on Ontology*, Trans. Hazel E. Barnes, New York: Washington Square Press, 1993, p. 230.

⑤ Sartre, *Being and Nothingness*: *A Phenomenological Essay on Ontology*, Trans. Hazel E. Barnes, New York: Washington Square Press, 1993, p. 231.

对象"①。然而,他人与自我同样是自为的意识存在,他不可能与自在存在一样只是我们的对象,因此自我与他人的关系就只能从内在否定来解释。这种"内在否定"意味着"在相互否定中构成的两项综合能动的联系(a synthetic active connection)"②。也就是说,这种联系不是由"第三人"见证的,也非不同实体间有差别而无互动的关联,它是由双方的差异而交互作用所构成的。这种有差异的双方是相互依存、交互作用的存在关系,正是在差别中构成了两者的存在,"如果有一般意义上的他人,我首先不是这个他人的人,并且正是在这个我对我实行否定本身中我使得自己存在,而他人作为他人涌现出来。这种否定构成了我的存在"③。也就是说,这种否定是由我的意识将他人确立为不是我的人,从而让他人对我揭示出来,并且使我自身得以存在。这是由意识作为自为存在的本性所决定了的,当面对对象时,意识不得不将自身确立为"不是对象"的存在;在面对他人时,自我意识首先要否定他人,以确立自身为"不是他人"的存在。因此,自我与他人的原初否定关系根源于自我意识作为"是其所不是"的自为存在的本体论结构。

第五,基于内在否定之上的自我与他人之间的具体关系是交互对象化的冲突关系。自为是所有否定性和所有关系的基础,但自为与自在的否定关系只是一种单方面的否定,是自为对自在的单向否定,而自我与他人的否定关系是双向互动的["交互的(reciprocal)"],因为这是两个自为之间的关系。在注视中,他人的出现触及了我的自为存在的中心,挑战了我的主体性,将我对象化,对我的自由构成了威胁,可能使我成为"是其所是"的自在存在,成为"为他的存在","对他人而言,我无可挽回

---

① Sartre, *Being and Nothingness*: *A Phenomenological Essay on Ontology*, Trans. Hazel E. Barnes, New York: Washington Square Press, 1993, p. 231.

② Sartre, *Being and Nothingness*: *A Phenomenological Essay on Ontology*, Trans. Hazel E. Barnes, New York: Washington Square Press, 1993, p. 252.

③ Sartre, *Being and Nothingness*: *A Phenomenological Essay on Ontology*, Trans. Hazel E. Barnes, New York: Washington Square Press, 1993, p. 283.

地是我所是并且我的自由本身通过这种存在成了给定的特性。于是，自在重新永久性地捕获了我，并且把我整个地固定在我的逃逸本身之中（in my very flight），这逃逸变成被预见和被沉思的逃逸，给定的逃逸。但是这个被固定的逃逸绝不是我的为我所是的逃逸：它是外在地被固定的"①。我作为本性是自我逃逸的、超越的自为存在，不可能被外在力量固化，我必然要反抗他人对我的自由的挑战，因而"我体验到它（我的对象化）并且它将它逃逸的这个自在给予我的逃逸，我应该转向它并且针对它持有某些态度"②。针对他人对我的对象化，我要夺回我的自由，我可能采取两种对待他人的态度：第一种是我要"超越他人的超越性"③，拒绝他人的注视将我对象化，拒绝他人的自由，如"冷漠、情欲、憎恨和性虐待狂"；第二种是我承认他人的自由是我的存在的基础，我将自己与他人的自由同一，"把这超越性吞没于我之中而没有消除它的超越的特性"④，如"爱、语言和受虐色情狂"。它与第一种态度并无二致，因为我承认他人的自由是企图占有它，都是我试图夺回我自己的自由，赢得我的自由谋划的绝对基础的表现。这两种态度决定了我与他人的具体关系，是我与他人的具体关系的起源，"这些关系完全是由我针对我的为他所是的对象的态度所决定的"⑤。因此，自我与他人基于自为的内在否定而产生的具体关系只能是相互争夺自由、相互对象化的、此消彼长的冲突关系，"我努力把我从他人的支配中解放出来，反过来力图控制他人，而他人也同时力图控制我。这里的关键完全不在于与自在对象的那些

---

① Sartre, *Being and Nothingness*：*A Phenomenological Essay on Ontology*, Trans. Hazel E. Barnes, New York：Washington Square Press, 1993, p. 362.

② Sartre, *Being and Nothingness*：*A Phenomenological Essay on Ontology*, Trans. Hazel E. Barnes, New York：Washington Square Press, 1993, p. 362.

③ Sartre, *Being and Nothingness*：*A Phenomenological Essay on Ontology*, Trans. Hazel E. Barnes, New York：Washington Square Press, 1993, p. 363.

④ Sartre, *Being and Nothingness*：*A Phenomenological Essay on Ontology*, Trans. Hazel E. Barnes, New York：Washington Square Press, 1993, p. 363.

⑤ Sartre, *Being and Nothingness*：*A Phenomenological Essay on Ontology*, Trans. Hazel E. Barnes, New York：Washington Square Press, 1993, p. 363.

单向的关系,而是交互的和运动的关系……冲突是为他的存在的原初意义"①。

这就是他人的自由成为对我的自由的限制的本体论根源,因此,萨特在后面讨论关于自由及其限制的章节中说:"他人的实存给我的自由带来了事实上的限制"②。由于他人对我的对象化是"一种不是以我的自由为基础的强加于我的存在方式"③,但这种限制其实不是他人直接作用于我的,它是通过我的自由实现的,是我的自由揭示了"为他的存在中的自为存在的对象化",因此"我的自由在他人的自由的实存中发现了它的限制。无论我们将自己放在何种水平上,自由遇到的唯一限制是在自由中发现的"④。

第三节　转化与本真

如果说"自欺"是人自身从内部造成的异化自由的倾向,那么"注视"就是他人从外部将我的自由异化,但两者都是源于自为的"是其所不是,不是其所是"的"内在否定"的本体论结构,本质上都是自为作为"欠缺"追求"自因"价值的结果。

在《存在与虚无》的最后,萨特指出,存在的精神分析法揭示了人所有活动最终追求的真正目的是"成为自在与自为综合起来融为一体的存在(being)"⑤,这种对"自在自为"的"上帝"一般的"自因"的追求是人的

---

① Sartre, *Being and Nothingness：A Phenomenological Essay on Ontology*, Trans. Hazel E. Barnes, New York：Washington Square Press, 1993, p. 364.

② Sartre, *Being and Nothingness：A Phenomenological Essay on Ontology*, Trans. Hazel E. Barnes, New York：Washington Square Press, 1993, p. 523.

③ Sartre, *Being and Nothingness：A Phenomenological Essay on Ontology*, Trans. Hazel E. Barnes, New York：Washington Square Press, 1993, p. 524.

④ Sartre, *Being and Nothingness：A Phenomenological Essay on Ontology*, Trans. Hazel E. Barnes, New York：Washington Square Press, 1993, p. 525.

⑤ Sartre, *Being and Nothingness：A Phenomenological Essay on Ontology*, Trans. Hazel E. Barnes, New York：Washington Square Press, 1993, p. 626.

"最基本的谋划"①,但同时也揭示了这种谋划是不可能实现的,"虽然人的所有活动是具备相同价值的,但是这些活动都企图牺牲人以使自因涌现,所以人的所有活动原则上都是注定要失败的"②。但是,本体论与存在的精神分析法也"应该向道德主体(the moral agent)揭示,他就是各种价值赖以实存的那个存在。这样,他的自由就会进而获得对自由本身的意识并且在焦虑中发现自己是价值的唯一源泉,是世界赖以实存的虚无"③。作为道德主体,人应该是各种可能性的基础与源泉,"但是到此为止,尽管可能性能被任意选择与摒弃,造成所有这些可能的选择的统一的主题,就是价值或自因的存在的理想的在场"④。因此,萨特提出疑问:"如果自由重新转回这种价值,自由会变成什么? 不管它做什么,即使它在转回自在自为时,它会将价值一起带走吗? 自由会被它想要沉思(contemplate)的价值从后面重新把握吗? 或者,自由通过在与自身的关系中将自身把握为自由这样一个事实,它就能终止价值的统治吗? 特别是,它是有可能把自己本身作为所有价值源泉的价值,还是应该必然地就被一种纠缠着它的超越的价值而被定义? 在自由能希望自己本身是它自己的可能和决定它的价值的情况下,这意味着什么呢?"⑤也就是说,作为自为存在的意识是否能放弃追求"自因"的价值,将自由本身作为自身存在的基础和价值? 如果能,那么作为自为的意识,在放弃追求"存在"来为自身奠基的情况下,是何种存在? 又如何来实现这种存在?

---

① Sartre, *Being and Nothingness*: *A Phenomenological Essay on Ontology*, Trans. Hazel E. Barnes, New York: Washington Square Press, 1993, p. 566.

② Sartre, *Being and Nothingness*: *A Phenomenological Essay on Ontology*, Trans. Hazel E. Barnes, New York: Washington Square Press, 1993, p. 627.

③ Sartre, *Being and Nothingness*: *A Phenomenological Essay on Ontology*, Trans. Hazel E. Barnes, New York: Washington Square Press, 1993, p. 627.

④ Sartre, *Being and Nothingness*: *A Phenomenological Essay on Ontology*, Trans. Hazel E. Barnes, New York: Washington Square Press, 1993, p. 627.

⑤ Sartre, *Being and Nothingness*: *A Phenomenological Essay on Ontology*, Trans. Hazel E. Barnes, New York: Washington Square Press, 1993, p. 627.

萨特接下来提示,作为自为的存在放弃追求"自因","不是重新获得自身,而是自我逃逸(not to recover itself but to flee itself)"①。也就是说,作为自由的自为存在不是追求与自身同一,而是总能与自身保持距离,它不再追求自在存在的自身同一的稳定性,而是保持不断的自我逃逸,处在不断虚无化的活动之中。这样,是否自为就能真正实现自身的本体论上的自由呢?对此,萨特仍然有所保留:"通过这想使自己敬畏、与自身保持距离的存在,应该如何理解呢?这是自欺或别的基本态度的问题吗?人们能使存在的这一新的层面活起来吗(can one live this new aspect of being)?特别是,自由因为把自身作为目的,它就能逃避一切处境吗?或者,相反,它仍然在处境中?"②萨特指出,这些问题不是在现象学本体论层面上可以找到答案的,因为现象学本体论是基于"复合反思"。只有从"复合反思(accessory reflection)"转化为"纯粹反思(pure reflection)",从本体论转向伦理学,才能回答这些问题。"所有这些问题,都把我们推到纯粹的而非复合的反思(a pure and not an accessory reflection),这些问题只可能在伦理学的层面上(on the ethical plane)找到答案。我们将在下一部著作中研究这些问题。"③这下一部著作就是萨特接下来写的《伦理学笔记》,它确实试图为解答《存在与虚无》最后提出的这些问题做出了努力。

萨特在《伦理学笔记》的开端就提出了"转化(conversion)"的"必要性":"《存在与虚无》是转化前的本体论,结果是有着一种自然态度,正是这一事实意味着转化理所当然是必要的。"④萨特认为,在"自然态度"下

---

① Sartre, *Being and Nothingness : A Phenomenological Essay on Ontology*, Trans. Hazel E. Barnes, New York : Washington Square Press, 1993, p. 628.

② Sartre, *Being and Nothingness : A Phenomenological Essay on Ontology*, Trans. Hazel E. Barnes, New York : Washington Square Press, 1993, p. 628.

③ Sartre, *Being and Nothingness : A Phenomenological Essay on Ontology*, Trans. Hazel E. Barnes, New York : Washington Square Press, 1993, p. 628.

④ Sartre, *Notebooks for an Ethics*, Trans. David Pellauer, Chicago : University of Chicago Press, 1992, p. 6.

的意识是"逃避的和非本真的（flight and inauthenticity）"①，它自欺地接受前反思的基本谋划，作为虚无的自为是无根基的，它在本性上自然倾向于"追求存在（being）"来填充自身的虚无，企图从虚无（nothing）变成某种存在（something），追求自在自为的最高价值来为自己奠基，"意识每时每刻都通过自己的存在来超越自身朝向最高价值，就是自我的绝对存在，连同它的同一性、纯粹的和恒久的特性等等，作为自己的基础"②，这导致了"异化"。萨特指出"转化"是通向人的"本真性存在"的"通道（passage）"，它的意义在于"拒绝异化"③。

在萨特看来，非本真的意识"追求存在（being）是地狱"，虽然这种追求很难遏制，但正是这种"失败可能导致转化"④，而转化后的意识应是本真的存在，它将持有一种崭新的姿态面对自身的存在。"自为的自发运动（the spontaneous movement）作为一种欠缺（在非反思的水平上）是追求自在自为。既然反思在企图回复（recuperation）之中是一种新的离散（a new diaspora）的创造，它原初地作为一种复合物（an accessory）对此涌现。但是，即使那样，如我们所知，它会迷失自身。因此，这里的纯粹反思的可能性是作为这种迷失的许可和作为面对它所采取的立场（as taking a stand in the face of it）。"⑤萨特进一步指出，这种"立场"不仅是一种新的姿态，而且还是一种"伦理态度"："反思的起源是自为通过回复自身达到自身的一种努力。因此，反思应该拥有作为直接和本质

---

① Sartre, *Notebooks for an Ethics*, Trans. David Pellauer, Chicago：University of Chicago Press，1992, p. 6.

② Sartre, *Being and Nothingness：A Phenomenological Essay on Ontology*, Trans. Hazel E. Barnes, New York：Washington Square Press，1993, p. 93.

③ Sartre, *Notebooks for an Ethics*, Trans. David Pellauer, Chicago：University of Chicago Press，1992, p. 470.

④ Sartre, *Notebooks for an Ethics*, Trans. David Pellauer, Chicago：University of Chicago Press，1992, p. 37.

⑤ Sartre, *Notebooks for an Ethics*, Trans. David Pellauer, Chicago：University of Chicago Press，1992, p. 11.

的目的之非反思的自为才具有意义。对它来说,没有比自为更重要的了。在伴随着这种反思的伦理反思之中,重要的是其所反思到的道德存在。这是一个为了成为伦理的而意欲善(在非反思的水平上)的问题(a question of willing the Good)。"①也就是说,作为道德主体应该反思地把握自身的自由,摒弃追求自在自为的存在,必须从自欺地逃避自由的自然态度转向以自由为目标的伦理态度,才能从非本真的存在转向本真的存在。

萨特指出,这种伦理转向的动机(Motivations)②在于两个方面:"1. 不是在结果上而是在开端处,反思是不纯的,然而,既然它从非反思中涌现,它就在意图上参与了非反思的不纯(impurity);2. 不纯的反思是引发纯粹反思的动机。它原初是自欺的,因为它不想看到自己的失败。但是只有自欺能成为好的相信的起源(at the origin of good faith)。纯粹反思是好的相信(good faith),而且它如此呼唤(appeal)他人的好的相信。"③对萨特来说,"纯粹反思"要求自为有一种从自欺向本真的"转化",这就是要"承认自身是作为出神的自为(recognition of myself as ec-static For-itself)"④,而此种"转化"被萨特称为"人的自由的戏剧(a free drama of the person)",并且强调这自由的戏剧"不是处理辩证法问题而是针对伦理学问题"⑤。这"自由的戏剧"是如何展开的? 又该怎样去理解它呢? 这必须结合萨特的现象学本体论来理解,因为萨特的伦理学转

---

① Sartre, *Notebooks for an Ethics*, Trans. David Pellauer, Chicago: University of Chicago Press, 1992, p. 5.

② Sartre, *Notebooks for an Ethics*, Trans. David Pellauer, Chicago: University of Chicago Press, 1992, p. 12.

③ Sartre, *Notebooks for an Ethics*, Trans. David Pellauer, Chicago: University of Chicago Press, 1992, p. 12.

④ Sartre, *Notebooks for an Ethics*, Trans. David Pellauer, Chicago: University of Chicago Press, 1992, p. 10.

⑤ Sartre, *Notebooks for an Ethics*, Trans. David Pellauer, Chicago: University of Chicago Press, 1992, p. 5.

向并没有脱离其现象学本体论的基础。① 正如萨特自己一再强调的："对我来说，既然生存者事实上是一种'必须去生存其存在的存在（a being "who must exist his being"）'，那么毫无疑问本体论与伦理学不能截然分开。"②下面我们结合萨特的现象学本体论来阐释与分析其作为一种伦理态度的"转化"之路径。

首先，"转化"是从不纯粹的反思（复合反思）向纯粹反思的改变，纯粹反思是萨特伦理学的核心概念。这也是"转化"最根本的含义，其他的一切转化都是建立在此基础之上的。

事实上，从《自我的超越性》到《存在与虚无》，萨特一直把"纯粹反思"作为伦理学的基础。在《自我的超越性》一书中，萨特首次区分了"纯粹反思"和"不纯的反思"，他认为只有前者才具有现象学的"自明性（adequate evidence）"③。他指出意识的"自然态度（the natural attitude）"④是逃避自身作为自为存在的自发性，通过"自我"掩盖焦虑，而现象学态度是应该将"自我"清除在意识之外，只有清除了"自我"与被纯化了的"绝对意识"才能"被绝对积极的伦理学和政治学作为哲学基础所需要（No more is needed in the way of a philosophical foundation for an ethics and a politics which are absolutely positive）"⑤。

在《存在与虚无》中，萨特主要是从认识论的角度提出这一概念，他

---

① 学界对萨特伦理学的质疑在于两个方面：一是完全否定萨特伦理学的可能性，其代表人物如《自由的必然性》的作者 Christina Howells（参见 Christina Howells, *Sartre：The Necessity of Freedom*, New York：Cambridg University Press, 2009, p. 28）；二是否认萨特基于其现象学本体论上的伦理转化的可能性。

② Francis Jeanson, *Sartre and the Problem of Morality*, Bloomington：Indiana University Press, 1980, p. xxxix.

③ 参见 Sartre, *The Transcendence of the Ego*, Trans. Forrest Williams, New York：Hill & Wang, 1991, pp. 63 – 64。

④ Sartre, *The Transcendence of the Ego*, Trans. Forrest Williams, New York：Hill & Wang, 1991, p. 103.

⑤ Sartre, *The Transcendence of the Ego*, Trans. Forrest Williams, New York：Hill & Wang, 1991, p. 106.

认为对纯粹反思的本性和作用的研究主要是伦理学的任务。胡塞尔现象学将哲学的确定性建立在反思的基础之上,而萨特认为"反思的过程可能包含了对其对象的歪曲变形"①。但萨特并没有排除对鲜活意识进行现象学描述的可能,而是认为必须区分两种不同反思类型:纯粹的和不纯粹的反思,前者是"反思的原初形式和理想形式(the original form of reflection and its ideal form)"②,具有现象学意义上的"自明性"与"确定性";而后者又称为"构成性的反思(constituent reflection)"③,之所以是"构成性"的,因为它把被反思的意识构造为"超越的对象",即"心理事实或心理的连续(the succession of psychic facts or psyche)"④,所以是"复合的(accessory)"。正如丹·扎哈维对《存在与虚无》的阐释,在萨特这里,"不纯粹的反思是我们日常即能遇到的反思。它运用了一种认识论的二分,并且必须被归为一种类型的认知。这一反思之所以被称为不纯粹的,是由于它超越了被给予之物并且以一种对象化的姿态对被反思者加以解释",而纯粹反思是反思的理想形式,"提供给我们以一种纯粹的(非歪曲性的)对于所反思之物的专题化。它清晰地表达出现象,却并不会用解释性的遮蔽物污染它们,而是始终采用一种忠实于前反思结构的态度"⑤。萨特认为,在复合反思的基础上,人所有的谋划都是以欲求上帝的谋划作为最终目的,在纯粹反思中,才有可能把自由作为谋划的基础与目的,这不是现象学研究的问题,而是伦理学要探讨的问题:"这种特殊类型的谋划把自由作为基础和目的,值得我们对它进行研究。由

---

① 〔丹麦〕丹·扎哈维:《主体性和自身性:对第一人称视角的探究》,蔡文菁译,上海译文出版社2008年版,第110页。

② Sartre, *Being and Nothingness*: *A Phenomenological Essay on Ontology*, Trans. Hazel E. Barnes, New York: Washington Square Press, 1993, p. 155.

③ Sartre, *Being and Nothingness*: *A Phenomenological Essay on Ontology*, Trans. Hazel E. Barnes, New York: Washington Square Press, 1993, p. 159.

④ Sartre, *Being and Nothingness*: *A Phenomenological Essay on Ontology*, Trans. Hazel E. Barnes, New York: Washington Square Press, 1993, p. 159.

⑤ 参见〔丹麦〕丹·扎哈维《主体性和自身性:对第一人称视角的探究》,蔡文菁译,上海译文出版社2008年版,第110—111页。

于它追求一种完全不同类型的存在而完全不同于别的一切。事实上，应该详尽地解释它与向我们显现的人的实在的深层结构与要成为上帝的谋划的关系。但是这种研究不能在此进行：它事实上引出伦理学的结论，并且它设定人们事先定义纯粹反思的本性和作用（我们的描述到此只是针对'复合的'反思）。"①

在《伦理学笔记》中，萨特指出，"异化的结构〔那种我不得不通过我的同谋的自欺的维护（which I have to uphold through the bad faith of my complicity）〕、自为试图成为自在自为的失败、复合反思的失败"②，所有这些都呼唤着一种纯粹反思。纯粹反思就是反思意识的新的实存形式，它的谋划就是纯粹的实存（pure existence）。它的意识结构就是对自身的非正题意识，同时又被正题化，在被反思—被反思着的去整体化的统一（within the detotalized reflected/reflecting unity）之内。换言之，意识的谋划并没有被纯粹的反思所取消，在现象学的还原中，自然态度也没有被取消：谋划完整地、深深地根植于原初的选择中。但是，与此同时，" 它被主题化，成为自身的问题对象（ it is thematized and becomes for itself the object of a question）"③，纯粹的反思认识到了自身的自由。转化了的意识，是对"自由的主题式的把握"④。它不再反思地把自己当成某物，也不再反思地认为自己必须遵循先天的、超验的伦理命令，转化了的意识获得了"自身存在的新的、本真的方式"⑤。它反思地认识并确立了自己的本体论自由。通过纯粹反思，意识才能从自欺转向本真的存

① Sartre, *Being and Nothingness*：*A Phenomenological Essay on Ontology*, Trans. Hazel E. Barnes, New York：Washington Square Press，1993，p. 581.

② Sartre, *Notebooks for an Ethics*, Trans. David Pellauer, Chicago：University of Chicago Press，1992，p. 473.

③ 参见 Sartre, *Notebooks for an Ethics*, Trans. David Pellauer, Chicago：University of Chicago Press，1992，p. 473。

④ Sartre, *Notebooks for an Ethics*, Trans. David Pellauer, Chicago：University of Chicago Press，1992，p. 474.

⑤ Sartre, *Notebooks for an Ethics*, Trans. David Pellauer, Chicago：University of Chicago Press，1992，p. 474.

在:"自为是这样一种存在:在其存在中以存在的规划的形式处于问题中
(in question in the form of a project of being)"①。也就是说,意识作为
自为的存在与自身是间隔有距的,永远不可能真正达到自身,不可能获
得自身同一,反思与被反思的意识不可能重合,意识不可能成为自身的
对象,不可能成为自在存在,不能被固定化,所以它的本真存在应该是变
动不居的,永远在不断的虚无化活动之中,即处于"问题之中",它是一种
每时每刻都从虚无开始创造,不断地开始新的实存的自由存在,这只有
通过纯粹反思才能对自身揭示出来。

其次,"转化"指的是意识的前反思谋划发生的一种具体改变,"存在
着一种谋划的转化,从谋划成为自为自在的存在(占有或同一),到谋划
揭示和创造"②。意识的这一转化是建立在第一种转化的基础之上的,是
由第一种转化带来的。前反思意识作为自为的虚无,它的原初谋划就是
存在,而且是作为自在自为的"上帝"般的存在,而反思原初是从前反思
中"涌现出来"的,它开始可能作为前反思意识的"同谋(accomplice)"努
力通过与自在同一而回复自身。也就是说,原初谋划获得"上帝"般的存
在是先于反思的。反思一开始是不纯的,因为它通过非主题地参与自为
与自在同一的"无用的激情"而不断在进行自欺的谋划。正是在此意义
上,反思意识开始是非反思意识的"同谋"。不纯的反思是一种自欺,因
为它不承认自为谋划自在的失败,但正是在这种失败中唤醒并促使纯粹
反思的产生,纯粹反思承认自在自为的谋划必定失败而选择转化,正如
Hazel E. Barnes 所指出的,对萨特来说,"纯粹反思不是完全的知识,而
是一种承认,它不是一种新的意识,而是前反思意识的内在修正"③。纯

---

① Sartre, *Being and Nothingness*: *A Phenomenological Essay on Ontology*, Trans. Hazel E.
Barnes, New York: Washington Square Press, 1993, p. 565.
② Sartre, *Notebooks for an Ethics*, Trans. David Pellauer, Chicago: University of Chicago
Press, 1992, p. 482.
③ Hazel E. Barnes, *Sartre's Concept of the Self*, *JEAN-PAUL SARTRE*, Edited by Harold
Bloom, Yale University, 2001, p. 74.

粹反思产生后，它认识到前反思意识本身应是虚无，要求它从追求存在而转化为自由地揭示存在。在这种转化中，转化前的意识认为它必须努力成为自在存在与自为存在的同一，即"自因"，转化后的意识则认识到它不能成为"自因"，从而放弃这一谋划，而将自由作为它所朝向的目标。转化了的意识在前反思的基本谋划中，将自由作为自己的目的，从而反思地认识到它可以自由地选择。这样的结果就是意识会经历一个不断反思创造自我的过程。不断地反思创造自我，使得意识能够反思地表达自己的自由，而不会反思地希望成为某物。萨特认为，意识放弃对自在存在的追求，不断地反思性地进行自我创造，这就是本真的存在的基础。①

萨特一再强调，反思不等于冥想，"反思因此绝不是冥想，它自身是一种谋划"，更进一步说，"生存者是一种谋划，而反思就是从事此种谋划的谋划"②。在不纯粹的反思中，自为总是谋划反思与被反思的同一，在纯粹反思中，自为将意识到自身是逃逸的、不断虚无化的结构，它将谋划某物成为为他的，并不是与某物同一或占有此物，而是同感或结合（not through identification or appropriation but by consent and forming a covenant），因此意识与世界的关系发生改变，并且意识也会采取新的反思性的自我认识形式。③ 比如，转化后的意识在看一棵树时，他认识到"我不知道在这棵树的背后有什么。我通过一个空洞的意识朝向它，在无差别的外在性中寻找它，也就是说在最接近它的纯自在中寻找它"④。当意识从不纯粹的反思转到纯粹的反思，它的前反思的谋划转化为揭示

① 参见 Sartre, *Notebooks for an Ethics*, Trans. David Pellauer, Chicago：University of Chicago Press，1992，p. 470。

② Sartre, *Notebooks for an Ethics*, Trans. David Pellauer, Chicago：University of Chicago Press，1992，p. 479.

③ 参见 Sartre, *Notebooks for an Ethics*, Trans. David Pellauer, Chicago：University of Chicago Press，1992，p. 479。

④ Sartre, *Notebooks for an Ethics*, Trans. David Pellauer, Chicago：University of Chicago Press，1992，p. 483.

与创造,这时意识就处在本真的存在之中。萨特指出,"这个层次意识的本真存在是双重快乐之源:它通过将无端性(gratuity)转为绝对自由,通过与现象的接触而实现快乐。"①也就是说,意识本来就是无端的、无根基的,它是纯粹的虚无,因此它不断地欲求存在,但这种欲求又是注定不可能得到满足的,因此它总是处在焦虑之中,但一旦它反思到了这种不可能性,将前反思的谋划占有或与存在同一转化为揭示存在、解蔽存在,它将不再是焦虑的,而是快乐的。

最后,"转化"意味着必须从前反思意识将他人当成我的自由的威胁转变成反思地承认、尊重和促进他人的自由。如前所述,在《存在与虚无》中,萨特阐明了自我与他人在本体论上是相互争夺自由的冲突关系。在《伦理学笔记》中,萨特指出"意识之间的争斗也是转化前的"②,他指出主体间相互争夺自由是一种"激情的地狱"③,在地狱中,我自欺地通过将他人对象化为客体来占有,企图填充我的作为自为存在的虚无。从自欺到本真的转化,要求我"放弃占有的概念,这可能统治了自为与物的关系,为了将团结(solidarity)引入人们之间的内在关系,占有随后要被修正为与他人的团结"④。与他人的冲突转向与他人的团结,这要依靠自我与他人的共同的"慷慨和创造","慷慨"地将自我当成"礼物"给予他人,将占有的企图转变为对他人的爱,在各种活动中共同完成从"虚无"到"存在"的揭示世界与给予世界意义的"创造"。比如,在谈到具体的"爱"的身体关系时,完全不同于《存在与虚无》中所描述的相互占有自由的情形,萨特说:"在这里,爱意味着完全不是占有的欲望。它

---

① Sartre, *Notebooks for an Ethics*, Trans. David Pellauer, Chicago:University of Chicago Press, 1992, p. 491.

② Sartre, *Notebooks for an Ethics*, Trans. David Pellauer, Chicago:University of Chicago Press, 1992, p. 20.

③ Sartre, *Notebooks for an Ethics*, Trans. David Pellauer, Chicago:University of Chicago Press, 1992, p. 499.

④ Sartre, *Notebooks for an Ethics*, Trans. David Pellauer, Chicago:University of Chicago Press, 1992, p. 479.

首要的完全是一种揭示/创造者（unveiling/creator）：这里也在纯粹的慷慨中（in pure generosity），我将自失以使他人的脆弱性与有限性在世界之中被揭示。"①萨特说，事实上，在意识相互争夺自由的"地狱"之中，已经包含了"慷慨和创造"的某些萌芽。当我单独存在时，我只能体验到我的主体性，体验到我的自由，当我与他人相遇，我的对象性的一维向我显现，"于是通过他人在一个新的存在维度中丰富了我自己；通过他人，我在存在的维度中开始实存（I come to exist in the dimension of Being）；通过他人，我变成了一个对象"②。我与他人通过"注视"相遇，他人对我的反思前的意识显现为自由的主体存在，他人挑战了我的主体性，对我的自由构成了威胁，这是前反思意识的本体论结构所决定的；但他人让我反思地体验到我的对象性存在的一维，而我单独存在时至多在"不纯反思"将自我把握为"准对象"。"在纯粹反思中，存在一种将他人转变成纯粹的、自由的主体的召唤"③，我意识到他人不仅仅是对我的自由的威胁，还有助于我正确地、全面地理解自身生存维度，即我不仅仅是自由的意识存在，而且我通过身体生存于客观的境遇之中，我是具身的境遇中的自由存在，是"在世的"生存，而我"被抛"入的这个世界是他人创造出来慷慨地与我分享的世界，"他丰富了世界和我，他给予除了我赋予的主观意义之外的我的生存的意义"，因此，我必须"承认作为绝对自由的他人"，并且"揭示作为自由的他人（unveil the Other as freedom）"④，这样才能揭示我与他人的本真的在世存在。为了实现自我与他人的本真关系，"转化"有以下几个具体的要求：第一，本真要求尊重他人，将通过

① Sartre, *Notebooks for an Ethics*, Trans. David Pellauer, Chicago：University of Chicago Press，1992，p. 507.
② Sartre, *Notebooks for an Ethics*, Trans. David Pellauer, Chicago：University of Chicago Press，1992，p. 499.
③ Sartre, *Notebooks for an Ethics*, Trans. David Pellauer, Chicago：University of Chicago Press，1992，p. 11.
④ Sartre, *Notebooks for an Ethics*, Trans. David Pellauer, Chicago：University of Chicago Press，1992，p. 500.

"注视"把握他人转变为通过"目的"把握他人。第二,本真要求为他们的承认而求助于他人,而非要求来自他人的承认 。一个人通过邀请另一个人为了共同的目标而合作,如果是求助于他人,我暗中承认他的目的是有基础的,因为他有权利拒绝。第三,"非本真的"与他人的关系包含"超越"他人的目的和"窃取"他人的目的,这两者具有征服的特性,因此,征服、统治和压迫必然是非本真的。最后,合作是基于相互的求助,这逃离了主人/奴隶两分法。这种求助建立在相互性上,当另一个人来求助我,我同时承认他有追求自身目的的自由 ,我也有追求我的目的的自由。这些目的的联合表明我们都是自由的存在。①

---

① 参见 T. Storm Heter,"Authenticity and Others," *Sartre Studies International*,Volume 12,Issue 2,2006,pp. 35 - 36。

主要参考文献

中文部分

一、萨特著作

1. 存在与虚无. 陈宣良等译. 读书·生活·新知三联书店, 2007
2. 辩证理性批判. 林骧华, 徐和瑾等译. 安徽文艺出版社, 1998
3. 自我的超越性. 杜小真译. 商务印书馆, 2001
4. 存在主义是一种人道主义. 周煦良, 汤永宽译. 上海译文出版社, 1988
5. 影象论. 魏金声译. 中国人民大学出版社, 1986
6. 想象心理学. 褚朔维译. 光明日报出版社, 1988
7. 萨特哲学论文集. 潘培庆, 汤永宽等译. 安徽文艺出版社 1998
8. 词语. 潘培庆译. 读书·生活·新知三联书店, 1988
9. 想象. 杜小真译. 上海译文出版社, 2008

二、其他著作

1. 赫伯特·施皮格伯格. 现象学运动. 王炳文等译. 商务印书馆, 2011
2. 理查德·坎伯. 萨特. 李智译. 中华书局, 2002
3. 洛朗·加涅宾. 认识萨特. 顾嘉琛译. 读书·生活·新知三联书店, 1988

4. 贝尔纳·亨利·列维. 萨特的世纪. 闫素伟译. 商务印书馆,2005

5. 加里·古廷. 20 世纪法国哲学. 辛岩译. 江苏人民出版社,2005

6. A. C. 丹图. 萨特. 安延明译. 工人出版社,1986

7. 理查德·坎伯. 萨特. 李智译. 中华书局,2014

8. 德尼斯·贝尔多勒. 萨特传. 龙云译. 人民文学出版社,2013

9. 萨拉·贝克韦尔. 存在主义咖啡馆:自由、存在和杏子鸡尾酒. 沈敏一译. 北京联合出版公司,2017

10. 安德鲁·利克. 萨特. 张锦译. 北京大学出版社,2019

11. 西蒙娜·德·波伏瓦. 萨特传(《永别的仪式·同让-保尔·萨特的谈话》). 黄中晶译. 百花洲文艺出版社,1996

12. 西蒙娜·德·波伏瓦. 要焚烧萨德吗. 周莽译. 上海译文出版社,2012

13. 西蒙娜·波娃. 时势的力量—— 西蒙·波娃回忆录. 陈标阳等译. 江苏文艺出版社,1992

14. 西蒙·波娃. 盛年—— 西蒙·波娃回忆录. 陈欣章等译. 江苏文艺出版社,1992

15. 万俊人. 萨特伦理思想研究. 北京大学出版社,1988

16. 倪梁康. 现象学及其效应. 读书·生活·新知三联书店,1994

17. W. 考夫曼. 存在主义——从陀思妥耶夫斯基到沙特. 陈鼓应,孟祥森,刘崎译. 商务印书馆,1987

18. 伊森·克莱因伯格. 存在的一代. 陈颖译. 新星出版社,2010

19. 丹·扎哈维. 主体性和自身性:对第一人称视角的探究. 蔡文菁译. 上海译文出版社,2008

20. 孙小玲. 从绝对自我到绝对他者. 上海人民出版社,2009

21. 孙周兴. 后哲学的哲学问题. 商务印书馆,2009

22. 海德格尔. 现象学的基本问题. 丁耘译. 上海译文出版社,2008

23. 倪梁康. 胡塞尔现象学概念通释. 读书·生活·新知三联书店,1999

24. 丹·扎哈维. 胡塞尔现象学. 李忠伟译. 上海译文出版社,2007

25. 胡塞尔. 纯粹现象学通论——纯粹现象学和现象学哲学的观念(I). 李幼蒸译. 中国人民大学出版社,2004

26. 胡塞尔. 笛卡尔沉思与巴黎讲演. 张宪译. 人民出版社,2008

27. 倪梁康. 自识与反思——近现代西方哲学的基本问题. 商务印书馆,2002

28. 杜小真. 萨特引论. 商务印书馆,2007

29. 杨大春. 20 世纪法国哲学的现象学之旅. 社会科学文献出版社,2014

30. 杜小真. 存在与自由的重负——解读萨特《存在与虚无》. 山东人民出版社,2002

31. 弗莱德·R. 多尔迈. 主体性的黄昏. 万俊人译. 上海人民出版社,2004

32. 弗朗索瓦·多斯. 从结构到解构. 季广茂译. 中央编译出版社, 2004

三、论文

1. 尚杰. 无"我"的存在主义.《湖南社会科学》2010 年第 1 期
2. 纪如曼. 萨特伦理学基本框架研究.《当代国外马克思主义评论》2008 年年刊
3. 庞培培. 萨特的意向性概念：内部否定.《云南大学学报（社会科学版）》2012 年第 6 期

外文部分

1. Franz Brentano. *Psychology from an Empirical Standpoint*. Trans. A. C. Rancurello, D. B. Terell and L. McAlister. intr. by Peters Simons. London and New York：Routledge，1995

2. Haze E. Barnes. *Sartre's Ontology：The Revealing and Making of Being*. Christina Howells（ed.）. *The Cambridge Companion to Sartre*. Cambridge：Cambridge University Press，1992

3. Cohen-Solal. *Sartre：A Life*. edited by Norman Macafee. Trans. Anna Cancogni. New York：Pantheon Books，1987

4. Christina Howells. *Sartre：The Necessity of Freedom*. New York：Cambridg University Press，2009

5. Philippe Cabestan and Arnaud Tomes. *Le vocabulaire de Sartre*. Paris：Ellipses，2001

6. David Detmer. *Freedom as a Value*. LaSalle，Illinois：Open Court,1988

7. Francis Jeanson. *Sartre and the Problem of Morality*. Bloomington：Indiana University Press,1980

8. J. N. Findlay. *Axiological Ethics*. London:Macmillan,1970

9. Gary Gutting. *French Philosophy in the Twentieth Century*. Cambridge：Cambridge University Press,2001

10. Gail Evelyn Linsenbard. *An Investigation of Jean-Paul Sartre's Posthumously Published Notebooks for an Ethics*. Lewiston，NY：Edwin Mellen Press,2000

11. Jeannette Colomble. *Jean-Paul Sartre,Un homme ensituations*. Paris：Le livre de poche,1985

12. Martin Heideger. *History of the Concept of Time*. Trans. Theodore Kisiel. Bloomington：Indiana University Press，1985

13. Klaus Hartman. *Sartre's Ontology: A Study of Being and Nothingness in the Light of Hegel's Logic.* Evanston: Northwestern University Press, 1966

14. Edmund Husserl. *Logical Investigations.* Volume II. Trans. J. N. Findlay. London and New York: Routledge, 1970

15. Edmund Husserl. *Ideas Pertaining to a Pure Phenomenology and to a Phenomenological Philosophy.* First Book-General Introduction to a Pure Phenomenology. Trans. F. Kersten. The Hague: Nijhoff, 1983

16. Edmund Husserl. *Ideas: General Introduction to Pure Phenomenology.* Trans. W. R. Boyce Gibson. London: Collier Macmillan Publishers, 1962

17. Hazel E. Barnes. *Sartre's Concept of the Self*, *JEAN-PAUL SARTRE.* Edited by Harold Bloom. Yale University, 2001

18. Linda A. Bell. *Sartre's Ethics of Authenticity.* Tuscaloosa: University of Alabama Press, 1989

19. Lester Embree. "The Natural-Scientific Constitutive Phenomenological Psychology of Humans in the Earliest Sartre". *Research in Phenomenology* ,1981

20. Paul Crittenden. *Sartre in Search of an Ethics.* Cambridge: Cambridge Scholars Publishing, 2009

21. Sartre. *The Emotions: Outline of a Theory.* Trans. Bernard Frechtman. New York: Citadel Press, 1993

22. Sartre. *An Interview With Jean-Paul Sartre.* translated from the Dutch by George Berger. *Contemporary Approaches to His Philosophy.* edited by Hugh J. Silverman and Frederik A. Elliston. Pittsburgh: Dequesne University Press, 1980

23. Sartre. *Situation. IX. M'elanges.* Paris: Gallimard, 1987

24. Sartre. *Une idée fondamentale de la phenomenologie de Husserl: L'intentionalité ,Situations philosophiques.* Paris:Gallimard,1990

25. Sartre. *Notebooks for an Ethics.* Trans. David Pellauer. Chicago: University of Chicago Press, 1992

26. Sartre. *Being and Nothingness: A Phenomenological Essay on Ontology.* Trans. Hazel E. Barnes. New York: Washington Square Press, 1993

27. Sartre. *War Diaries: Notebooks from a Phony War.* Trans. Q. Hoare. London: Verso, 1999

28. Sartre. *The Transcendence of the Ego.* Trans. Forrest Williams. New York: Hilland Wang, 1991

29. Sartre. *The Emotions: Outline of a Theory.* Trans. Bernard Frechtman. New York: Citadel Press, 1993

30. Sartre. *Saint Genet: Actor and Martyr.* Trans. Bernard Frechtman. New

York: George Braziller,Inc. , 1963

31. Sartre. *Sartre by Himself*. Trans. R. Seaver. New York: Urizen Books, 1978

32. Simone de Beauvoir. *La Force de l'âge*. Paris: Gallimard, 1982

33. Simone de Beauvoir. *The Ethics of Ambiguity*. Trans. Bernard Frechtman. Secaucus. NJ: Citadel Press,1948

34. Thomas W. Busch. Sartre: The Phenomenological Reduction and Human Relationship. *Journal of the British Society for Phenomenology* 6. No. 1,January 1975

35. Thomas C. Anderson . *The Foundation and Structure of Sartrean Ethics*. Lawrence: The Regents Press of Kansas,1979

36. T. Storm Heter. Authenticity and Others. *Sartre Studies International*. Volume 12. Issue 2,2006

37. Thomas C. Anderson . *Sartre's Two Ethics*. Chicago: Open Court,1993

38. Yiwei Zheng. *Ontology and Ethics in Sartre's Early Philosophy*. Lanham, MD: Lexington Books, 2005

后　记

似水流年,光阴荏苒,回首过往,感慨良多。我的研究方向从波伏瓦转到萨特,不知不觉已经过了五个年头。在攻读博士学位期间,我因研究波伏瓦而对萨特略有了解。当我决定将萨特作为博士后出站报告的研究对象时,我以为自己有了一定的研究基础。但现实告诉我,我是"无知者无畏"。波伏瓦曾说过,在某种意义上,她不是大哲学家,萨特才是。我以为这只是出于谦虚,但在真正沉浸入萨特的哲学世界之后,我不得不叹服波伏瓦的真诚。

一开始,我根本进入不了萨特的思路,他那夸张的修辞、晦涩的概念和迂回的论证让我如同堕入云雾之中,不知何处是出路,这使我一度丧失了自信,想要放弃。幸得尚杰老师的不断鼓励与支持,我才有勇气继续前行。从2012年3月开始动笔,我边写边厘清头绪,好像有种顿悟的感觉,越写思路越清晰。但由于时间紧迫,加上学力不逮,三年后博士后出站交出的报告中存在错误与纰漏肯定是在所难免的。不过我认为这仅仅只是一个开始,萨特的世界太玄妙,也许值得花上余生慢慢品味。

感谢我的博士后合作导师尚杰教授,从博士到博士后,从进站到出站,我都得到了尚老师方方面面的帮助和悉心、耐心的指点,我深知只有加倍努力才能不辜负尚老师的帮助与信任。尚老师以学术为志业,高洁的人品、严谨的学风和幽默的文风都让我叹服不已。我常常将尚老师的哲学著作当成小说来读,感觉十分生动有趣又耐人寻味,让人百读不厌,回味无穷。能遇到这样一位人品高、学问高又趣味高的老师,我感到非常幸运。

感谢清华大学的黄裕生教授,我能认识尚杰老师,多亏黄老师的引荐。黄老师不仅学问高深,而且为人正直,有侠义之士的豪情,还不失宽厚的仁爱之心,实属不可多得的良师益友。他对我的帮助不仅仅是学业上的,更是人格成长上的。

我这一路走来,还得到了我的硕导吕锡琛教授、博导曾钊新教授与曹刚教授,以及李建华教授、左高山教授、陈芬教授和谭忠诚副教授等师友的关心与支持。二十余载师友情深,恩重如山,在此一并致以诚挚的谢意。

我研究的是西方哲学,但一直在马克思主义学院思想政治教育与法律基础中心从事教学工作。我院的领导与老师都非常友善与包容,特别是年轻的王翔院长对我这位老教师非常关照,给予了各方面的帮助,还有我的同事们都非常友爱,在这样一个环境中工作我感觉身心愉悦,备受鼓舞。所以,我要特别感谢我的领导与同事们!

既然选择了远方,就要风雨兼程,我将带着对各位师友的感恩之心和祝福之情开始新的征程。

从 2015 年 5 月博士后出站到如今将出站报告修订成书,时间又过去了五年有余,这期间发生了许许多多的事情,生命无常,世事难料,纷纷扰扰,风风雨雨,常常令我感慨万分、唏嘘不已。生活中不确定的事情很多,但我知道唯有心怀感恩、无问西东、潜心耕耘、砥砺前行,才能有望风雨之后见彩虹。期待明天的太阳更新、更美、更温暖人心!

屈明珍

2020 年 10 月 13 日

"纯粹哲学丛书"书目

《从逻辑到形而上学：康德判断表研究》 刘萌 著

《重审"直观无概念则盲"：当前分析哲学语境下的康德直观理论研究》 段丽真 著

《道德情感现象学：透过儒家哲学的阐明》 卢盈华 著

《自由体系的展开：康德后期伦理学研究》 刘作 著

《根本恶与自由意志的限度：一种基于文本的康德式诠释》 吕超 著

《现代性中的理性与信仰张力：近代西方国家意识的建构及其困境分析》 尚文华 著

《知识与道德的二重奏：康德心灵哲学研究》 居俊 著

《存在与自由：萨特早期自由理论研究》 屈明珍 著